ADOLPHE JOANNE

GÉOGRAPHIE

DE

L'AISNE

19 gravures et une carte

HACHETTE ET Cie

GÉOGRAPHIE

DU DÉPARTEMENT

DE L'AISNE

AVEC UNE CARTE COLORIÉE ET 19 GRAVURES

PAR

ADOLPHE JOANNE

AUTEUR DU DICTIONNAIRE GÉOGRAPHIQUE ET DE L'ITINÉRAIRE GÉNÉRAL DE LA FRANCE

DEUXIÈME ÉDITION

PARIS

LIBRAIRIE HACHETTE ET Cie

79, BOULEVARD SAINT-GERMAIN

1874

TABLE DES MATIÈRES

LISTE DES GRAVURES

PARIS. — IMP. SIMON RAÇON ET COMP., RUE D'ERFURTH, 1.

GÉOGRAPHIES DÉPARTEMENTALES

ÉLÉMENTAIRES

INTRODUCTION

L'étude géographique d'un département français doit, d'après les programmes officiels, commencer par l'étude de la commune où se trouve située l'école.

Chaque instituteur apprendra donc avant tout à ses élèves non-seulement ce qu'est une commune sous les rapports politique et administratif, mais quelles sont la situation, l'étendue, l'altitude ou élévation au-dessus du niveau de la mer, les divisions, les cultures, les industries, les transactions commerciales, les curiosités naturelles, archéologiques et artistiques de la commune dans laquelle il exerce ses fonctions.

Au point de vue politique et administratif, une **commune** est une fraction du territoire comprenant soit une ville, soit un ou plusieurs villages, hameaux ou écarts, et administrée par un maire. des adjoints et un conseil municipal.

Avant la fatale guerre de 1870, si imprudemment engagée et si malheureusement conduite, la France comptait 37,548 communes. Les traités de paix des 26 février et 10 mai 1871 et la convention additionnelle du 12 octobre suivant lui en ont fait perdre 1,689 ; il ne lui en resterait donc que 35,859, mais 130 sections ayant été érigées en municipalités distinctes, le nombre total actuel (1873) est de 35,989.

Un certain nombre de communes réunies (en général 10) forment un **canton**, dont le chef-lieu, où ont lieu tous les ans les opérations du recrutement, possède une *justice de paix*.

Avant la guerre de 1870, la France comptait 2,941 cantons. Les traités ci-dessus mentionnés lui en ont fait perdre 97. Mais, comme

8 nouveaux cantons ont été créés, le nombre total est actuellement de 2,852 (2857 en y comprenant des fractions de cantons cédés).

Un certain nombre de cantons réunis (8 en moyenne) forment un **arrondissement** dont le chef-lieu est le siége d'une sous-préfecture, à l'exception de celui qui, comprenant le chef-lieu du département, est le siége de la préfecture, d'un conseil d'arrondissement et d'un *tribunal de première instance*, jugeant à la fois *civilement*, c'est-à-dire les procès entre citoyens dans les cas déterminés par la loi, et *correctionnellement* les individus prévenus de délits qui n'entraînent pas des peines afflictives ou infamantes.

Avant la guerre de 1870, la France comptait 373 arrondissements; elle en a perdu 14 : il ne lui en reste donc plus que 359 (362 y compris les arrondissements de Belfort, Saint-Dié et Barr, qui, bien que morcelés, ont conservé leur autonomie).

Un certain nombre d'arrondissements (3 ou 4 en moyenne) forment un **département** qui, administré par un préfet, un conseil général et un conseil de préfecture (tribunal administratif) est la résidence des chefs de services des administrations militaires, financières, postales, universitaires, des travaux publics, etc. Un certain nombre de chefs-lieux des départements sont en outre le siége d'archevêchés (17) et d'évêchés (67), de cours d'appel (26), et de cours d'assises et d'académie (16).

Avant la guerre de 1870, la France comptait 89 départements. Elle en a perdu 4 dont 1 seulement (le Bas-Rhin), cédé entièrement à la Prusse; il ne lui en reste donc que 85 (87 y compris le département de Meurthe-et-Moselle, formé des parties restées françaises des anciens départements de la Meurthe et de la Moselle, et le territoire de Belfort.

Le chef-lieu du département de la Seine, Paris, est en même temps le chef-lieu ou la capitale de la France.

Ces notions générales rappelées à ses élèves, l'instituteur qui, dans la première année « a dû se borner à quelques notions sur le pays où se trouve située son école, » expliquera, selon le programme officiel, ce que c'est qu'une carte, et ce que sont les points cardinaux; il expliquera ensuite sur la carte du département et sur celle de la France les principaux termes de la nomenclature géographique; enfin il étudiera le département en commençant par la commune, puis en passant de la commune au canton et du canton à l'arrondissement. Les éléments principaux de cette étude se trouvent réunis dans la Géographie ci-jointe, ainsi que le montre la table méthodique des matières :

I. 1. Nom, formation, situation, limites, superficie.
II. 2. Physionomie générale.
III. 3. Cours d'eau.
IV. 4. Climat.
V. 5. Curiosités naturelles.
VI. 6. Histoire.
VII. 7. Personnages célèbres.
VIII. 8. Population, langue, culte, instruction publique.
IX. 9. Divisions administratives, liste des communes.
X. 10. Agriculture.
XI. 11. Industrie.
XII. 12. Commerce, chemins de fer, routes.
XIII. 13. Villes, bourgs, villages et hameaux curieux.

Les détails géographiques, administratifs, archéologiques et statistiques qui n ont pas trouvé place dans cette géographie abrégée et spéciale sont réunis dans le *Dictionnaire de la France* par Adolphe Joanne [1], dont toutes les bibliothèques communales devraient posséder un exemplaire.

Pour faciliter aux instituteurs l'étude préliminaire de la commune où il exerce ses fonctions, c'est-à-dire l'explication d'une carte, des points cardinaux et des principaux termes de la nomenclature géographique, nous reproduisons ici, d'après la *Géographie élémentaire des cinq parties du monde* publiée par M. Cortambert, une rose des vents, une boussole, la carte des environs d'un collége et une carte des principaux termes géographiques, avec les explications qui les accompagnent.

Le côté de l'horizon où le soleil semble se lever, ou plutôt où il se trouve à 6 heures du matin, s'appelle *est*, *levant* ou *orient*. — Celui où il semble se coucher (c'est-à-dire où il se trouve à 6 heures du soir) est *l'ouest*, *couchant* ou *occident*. — Le *sud* ou *midi* appelé aussi point *austral* ou *méridional*, est dans la direction où nous voyons, en France, le Soleil à midi. — Le *nord* ou *septentrion*, nommé aussi point *boréal* ou *septentrional*, est à l'opposé, et se reconnaît par les groupes d'étoiles de la *Grande Ourse* et de la *Petite Ourse*, situés de ce côté. — Ce sont les quatre *points cardinaux*. On les désigne ordinairement par ces abréviations : N., S., E, O.
Il y a quatre *points collatéraux :* le *nord-est*, entre le nord et

[1] *Dictionnaire géographique, administratif, postal, statistique, archéologique, etc. de la France, de l'Algérie et des Colonies*, par Adolphe Joanne, 2e édition entièrement revisée et considérablement augmentée. Un volume grand in-8 de 2700 pages à 2 colonnes, broché 25 fr.; cartonné 27 fr. 75 c. relié en demi-chagrin 29 fr. 50 c.

l'est; — le *nord-ouest*, entre le nord et l'ouest; — le *sud-est* entre le sud et l'est; — le *sud-ouest*, entre le sud et l'ouest.

Les points cardinaux et les points collatéraux forment ce qu'on appelle la *rose des vents*.

S'orienter, c'est retrouver les points cardinaux et collatéraux. Pendant le jour, il est facile de le faire au moyen du Soleil, qu'on voit à l'est à six heures du matin, au sud à midi, à l'ouest à six heures du soir, au sud-est à neuf heures du matin, au sud-ouest à trois heures du soir.

La nuit, on peut avoir recours à l'étoile Polaire, située au nord, dans la Petite Ourse.

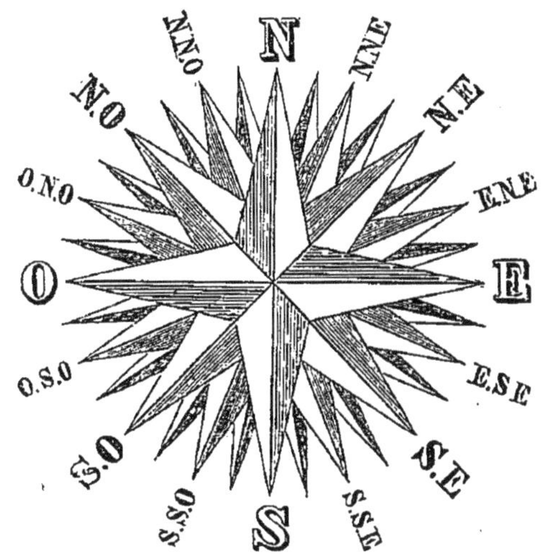

Rose des vents.

On se sert aussi de la *boussole*, petit instrument dont la pièce principale est une aiguille aimantée, suspendue sur un pivot, où elle tourne librement, car cette aiguille a la propriété de diriger l'une de ses pointes au nord et l'autre au sud.

Sur les dessins nommés *cartes*, qui représentent la Terre ou quelques-unes de ses parties, on a coutume de placer le nord en haut, le sud en bas, l'est à droite et l'ouest à gauche.

Il y a, sur la Terre, des terres et des eaux. Les plus grands espaces de terre sont les continents.

Les *îles* sont des terres moins grandes, entourées d'eau de tous côtés.

Plusieurs îles rapprochées les unes des autres forment un *groupe* d'îles. — Quand il y en a un très-grand nombre, cette réunion se nomme *archipel*.

Les *presqu'îles* ou *péninsules* sont des espaces de terres environnés d'eau *presque* de tous côtés.

Un *isthme* est un espace resserré entre deux masses d'eau.

Les *côtes* sont les bords des continents et des îles.

Les *caps*, les *pointes* et les *promontoires* sont les avancements des côtes.

Les *plaines* sont de grands espaces de terrain plat.

Un *champ* est un terrain ordinairement cultivé en céréales, en pommes de terre et en d'autres plantes propres à l'alimentation des hommes ou à leurs vêtements.

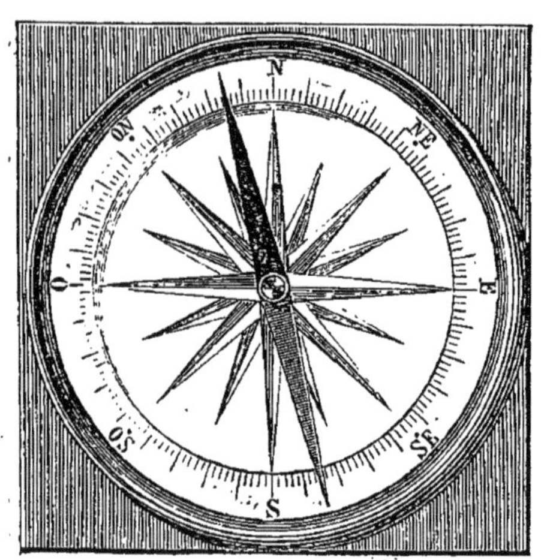

Boussole.

Un *pré* ou une *prairie naturelle* est un terrain couvert constamment d'herbes destinées à la nourriture des animaux.

Les *prairies artificielles* sont formées de plantes à fourrages qui n'occupent que momentanément des terrains où l'on cultive ensuite des céréales, des pommes de terre, etc.

Un *bois* est une assez grande réunion d'arbres.

Une *forêt* est une très-grande réunion d'arbres.

Les *déserts* et les *landes* sont des plaines arides. On appelle *oasis* les petits espaces fertiles qui s'y trouvent.

Les *monts* et les *montagnes* sont de grandes hauteurs ; les *collines*, les *monticules*, les *buttes* sont moins élevées. — On appelle souvent *côte* le penchant d'une hauteur et quelquefois la hauteur tout entière.—Les *dunes* sont les collines sablonneuses des bords de la mer.

Le *sommet* est le point le plus élévé d'une montagne ; le *pied* en est la partie la plus basse.

Une *chaîne de montagnes* est formée de plusieurs montagnes réunies les unes aux autres.

On nomme *plateaux* des territoires élevés et plats, souvent entourés ou couronnés de montagnes, et quelquefois formant le sommets de certaines montagnes.

Les penchants d'une montagne ou d'une chaîne de montagne s'appellent *flancs*, *revers* ou *versants*. On appelle aussi *versant* tout un grand territoire incliné vers telle ou telle mer.

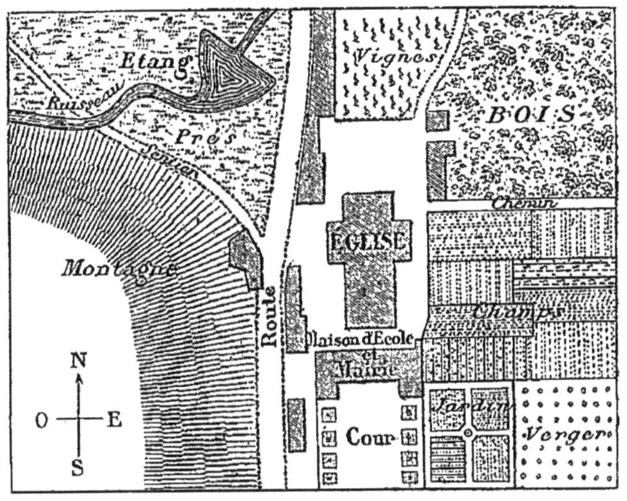

Modèle d'une carte, environs d'un collége (au 2000e).

Un *défilé* ou *col* est un passage étroit entre deux sommets de montagnes ou entre une montagne et la mer.

Les *vallées* et les *vallons* sont des espaces profonds qui se trouvent entre deux montagnes ou entre deux chaînes de montagnes.

Les *glaciers* sont les amas de glace qui couvrent certaines parties des hautes montagnes.

Un *fleuve* est un grand cours d'eau qui va se jeter dans la mer. — Une *rivière* est un cours d'eau qui perd son nom en se joignant à un autre ; cependant, quand un cours d'eau qui se rend directement dans la mer n'est pas considérable, il s'appelle *rivière*.

Un *ruisseau* est un très-petit cours d'eau.

Les *torrents* sont des cours d'eau très-rapides et qui, ordinairement, n'existent qu'à certaines époques de l'année, aux moments des grandes pluies ou de la fonte des neiges.

La *rive droite* d'un cours d'eau, fleuve, rivière, ruisseau, torrent, etc., est celle que l'on a à sa droite en descendant le lit de ce cours d'eau ; la *rive gauche* est la rive opposée.

La *source* d'un cours d'eau est l'endroit où il commence ; son *embouchure*, celui où il se jette dans la mer. Plusieurs em-

Modèle d'une carte servant à expliquer les principaux termes géographiques.

bouchures s'appellent aussi *bouches*. Le territoire compris entre la mer et les branches d'un fleuve se nomme *delta*.

On nomme *estuaires* les larges embouchures de certains fleuves.

L'endroit où deux cours d'eau se réunissent est un *confluent*.

Les *affluents* d'un cours d'eau sont les divers cours d'eau qu'il reçoit.

Les deux rives d'un cours d'eau s'appellent *rive droite* et *rive gauche*.

Le *bassin* d'un fleuve est le territoire arrosé par ce fleuve et par ses affluents, et entouré d'une ceinture de hauteurs appelée le partage des eaux ou *ligne de faîte*.

Une chute d'eau se nomme *cascade* ou *cataracte*.

Un *canal* est un grand fossé où l'on introduit de l'eau, principalement pour y faire circuler les bateaux.

Les *lagunes* des espèces de lacs placés près des côtes et communiquant avec la mer. On les appelle souvent étangs;

Les *étangs* sont de petits lacs artificiels.

Les *lacs* de grands amas d'eau placés au milieu des terres ;

Les *marais* des amas d'eau peu profonds situés dans les terres

Les *mares* les plus petits amas d'eau.

Les *chemins de fer* et les *routes* composent, avec les canaux et les cours d'eau, les principales *voies de communication* à travers les terres.

La plus grande partie de l'eau répandue sur le globe terrestre forme ce qu'on appelle la *mer*. (La France est entourée par la mer de trois côtés.)

Les *océans* sont les plus grands espaces de mer.

Une *mer* est un espace moins grand qu'un *océan* .

Les *golfes*, les *baies*, les *anses* et les *rades* sont des avancements de mer qui pénètrent dans les terres.

Les *ports* ou *havres* sont des avancements plus petits, propres à servir d'asile aux vaisseaux.

Les *détroits* sont des espaces de mer resserrés entre deux parties de terre. On donne souvent aussi à un détroit le nom de *canal*, ou ceux de *passe*, de *passage*, de *raz*, de *pertuis*, de *chenal*, de *goulet*.

Des rochers placés au milieu de la mer et dangereux pour les navigateurs s'appellent *écueils*, *récifs*, *brisants*.

Les espaces sablonneux, qui se trouvent dans l'eau et qui sont également dangereux pour la navigation, se nomment *bancs de sable*.

Avec ces notions préliminaires, les dessins et cartes qui les accompagnent, et les renseignements divers contenus dans la géographie ci-jointe, chaque instituteur pourra facilement, selon les prescriptions du programme officiel, «étudier le département en commençant par la commune, puis en passant de la commune au canton, et du canton à l'arrondissement.»

ADOLPHE JOANNE.

DÉPARTEMENT

DE L'AISNE

I

Nom, formation, situation, limites, superficie.

Le département de l'Aisne doit son *nom* à l'Aisne, rivière importante qui le traverse de l'est à l'ouest et qui y baigne la ville de Soissons.

Il a été *formé*, en 1790, de territoires appartenant à deux des provinces qui constituaient alors la France, l'**Ile-de-France** et la **Picardie**. Ces territoires, évalués en nombres ronds, sont : l'Ile-de-France, qui a fourni tout ou partie du *Laonnois* (180,000 hectares), du *Soissonnais* (183,000 hectares), du *Noyonnais* (15,000 hectares) et du *Valois* (61,000 hectares); la Picardie, qui a fourni la *Thiérache* (192,000 hectares) et le *Vermandois* (112,000 hectares) : ainsi l'Ile-de-France est entrée dans la composition du département pour près de 430,000 hectares, et la Picardie pour 300,000 hectares environ.

Le département de l'Aisne appartient à la région septentrionale de la France, et Laon, son chef-lieu, est *situé* à 140 kilomètres de Paris par le chemin de fer, à 125 seulement à vol d'oiseau. C'est un de nos départements frontières, car, au nord-est d'Hirson, il touche à la province de Namur, qui fait partie de la Belgique.

Il est *borné :* au nord, par le département du Nord; au nord-est, par la Belgique; à l'est, par les départements des Ardennes et de la Marne; au sud-ouest, par le département de

Seine-et-Marne; à l'ouest, par ceux de l'Oise et de la Somme. Nulle part il n'a de limites naturelles, telles que mers, montagnes ou rivières. C'est à peine si çà et là quelques lits de ruisseaux le séparent de la Belgique ou des départements circonvoisins.

La *superficie* est de 736,731 hectares. Sous ce rapport, l'Aisne est le 14e département de la France : en d'autres termes, 13 seulement sont plus étendus. Sa plus grande *longueur*, — du nord au sud, — est d'environ 140 kilomètres; sa plus grande *largeur* est d'environ 85 kilomètres; enfin son *pourtour* est de 430 à 440 kilomètres, en ne tenant pas compte d'une foule de sinuosités insignifiantes décrites par la ligne des frontières.

Physionomie générale.

Le département de l'Aisne ne possède pas de hautes montagnes, car la colline la plus élevée n'a que 284 mètres au-dessus du niveau de la mer, soit quatre fois la hauteur de la flèche de Saint-Jean des Vignes, à Soissons, près de cinq fois celle de la tour de la cathédrale de Laon, et plus de cinq fois celle de la tour du château de Coucy, mais à peine la dix-septième partie du Mont-Blanc (4,810 mètres), la plus haute montagne de France. Cette colline de 284 mètres se trouve au nord du vallon du Gland, dans le bois de Wattigny, qui se rattache aux grandes forêts de Saint-Michel et de Signy-le-Petit, près de la frontière du département des Ardennes, et à quelques kilomètres seulement de la Belgique.

Le point le plus bas du département est à 37 mètres seulement au-dessus de la mer; c'est l'endroit où la rivière de l'Oise passe dans le département auquel elle a donné son nom, à une petite distance au-dessous du village de Quierzy.

En général, le département de l'Aisne se compose de plateaux élevés, ou de chaînes de collines séparées par de profondes

Laon

vallées (rivières) ou par des vallons (ruisseaux). Nulle part la nature n'y est vraiment grandiose, mais les sites agréables n'y sont pas rares, et d'ailleurs le département possède quelques-unes des plus belles forêts de la France : telles sont la forêt du Nouvion, sur la frontière du département du Nord ; la forêt de Saint-Michel, à la lisière de la Belgique et du département des Ardennes ; la forêt de Samoussy, entre Laon et Sissonne ; la forêt de Saint-Gobain, entre Laon et Chauny ; la forêt de Coucy, voisine de la forêt de Saint-Gobain ; la forêt de Villers-Cotterêts, au sud-ouest de Soissons ; la forêt de Fère et la forêt de Ric, entre Fère-en-Tardenois et Dormans, etc.

Le voyageur qui va de Vermand (frontière du département de la Somme) à Laon par Saint-Quentin, Ribemont et Crécy, et de Laon à l'extrémité méridionale du département, c'est-à-dire qui traverse l'Aisne du nord au sud, coupe toutes les grandes vallées du pays dans l'ordre suivant : la vallée de la Somme, celle de l'Oise, celle de la Serre, celle de l'Ailette, celle de l'Aisne, celle de la Vesle, celle de l'Ourcq et enfin celle de la Marne. Si l'on traverse le département dans la direction perpendiculaire, celle de l'est à l'ouest, qui est la direction que suivent les principales rivières, on ne franchit guère que les ruisseaux envoyés à ces rivières par les lignes de partage des eaux.

III

Cours d'eau.

Le département de l'Aisne presque tout entier verse ses eaux dans le fleuve qui baigne Paris, c'est-à-dire dans la Seine, par la Marne et l'Oise, qui reçoit l'Aisne. Une partie de l'arrondissement de Saint-Quentin verse les siennes dans la Somme ; enfin, quelques communes des environs du Câtelet appartiennent au bassin de l'Escaut.

1° Bassin de la Seine. — La **Marne** (495 kilomètres), affluent très-important de la Seine, prend sa source, à 381 mètres au-dessus de la mer, près de Langres, dans une fontaine du département de la Haute-Marne. Avant d'arriver sur le territoire de l'Aisne, elle a traversé les deux départements de la Haute-Marne et de la Marne et baigné les villes de Langres, de Chaumont, de Saint-Dizier, de Vitry-le-François, de Châlons et d'Épernay. C'est au-dessous de la ville de Dormans qu'elle entre dans le département de l'Aisne, où elle a un cours d'environ 45 kilomètres. Elle y baigne un chef-lieu d'arrondissement, Château-Thierry, un chef-lieu de canton, Charly, plusieurs bourgs et un grand nombre de charmants villages. Son cours est sinueux, sa vallée gracieuse. Elle coule dans de larges prairies ou au pied de coteaux élevés, ici boisés, là couverts de vignobles. Grâce à de grands travaux de canalisation (approfondissements de chenal, dérivations, barrages), elle est navigable sur toute l'étendue du département, avec un tirant d'eau de $1^m,60$. Elle reçoit le Surmelin sur sa rive gauche, entre Dormans et Château-Thierry, près de Mézy-Moulins.

Le *Surmelin*, rivière de 40 kilomètres de cours, était alimenté par de fortes sources, mais les plus belles d'entre elles, principalement celle de la Dhuis (près d'Artonges), ont été détournées pour l'alimentation de Paris : elles fournissent à cette ville 20,000 mètres cubes d'eau par jour à l'étiage. Le Surmelin passe près d'un chef-lieu de canton, Condé-en-Brie.

L'*Ourcq*, tributaire plus important de la Marne, a sa source et son cours supérieur dans le département, mais son cours inférieur appartient aux départements de l'Oise et de Seine-et-Marne. Il naît à 6 ou 7 kilomètres au nord-ouest de Dormans, dans les hautes collines de Roncherolles. Quatre petites villes (dont trois chefs-lieux de canton), Fère-en-Tardenois, Oulchy-le-Château, Neuilly-Saint-Front et la Ferté-Milon, sont situées sur ses bords ou à une petite distance dans des vallons latéraux. Comme le Surmelin, l'Ourcq perd presque tout son volume au profit de Paris : à peine a-t-il reçu la Savières, au-dessus de la Ferté-Milon, à Port-aux-Perches, qu'il se verse dans un canal navigable de 108 kilomètres de longueur, canal qui porte à la capitale de 90,000 à 105,000 mètres cubes d'eau par jour. Hors du département, l'Ourcq passe entre Crouy et May-en-Mulcien et va se jeter dans la Marne près de Lizy, entre la Ferté-sous-Jouarre et Meaux. Son principal affluent est le *Clignon*, long de plus de 30 kilomètres.

Bassin de l'Oise. — **L'Oise** (300 kilomètres) est un affluent de la Seine plus considérable que la Marne pour le volume de ses eaux. Elle naît en Belgique, dans la province de Namur, au milieu des vastes forêts qui s'étendent au sud de Chimay et vont se relier en France aux forêts de Signy-le-Petit et de Saint-Michel. Elle n'a parcouru qu'une quinzaine de kilomètres, et c'est encore un ruisseau quand elle entre en France, dans le département de l'Aisne, où elle baigne six chefs-lieux de canton, Hirson, Guise, Ribemont, Moy, la Fère et Chauny, sans compter plusieurs bourgs et un très-grand nombre de riches villages, car sa vallée est fort peuplée, bien que par endroits marécageuse. Quand elle a quitté le département de l'Aisne, elle arrose les départements de l'Oise et de Seine-et-Oise, passe à Compiègne, à Pontoise, et se perd dans la Seine au-dessus de Poissy, entre Paris et Mantes. Cette rivière est navigable à partir de Chauny, ou plutôt, elle est accompagnée de Chauny à Janville par un canal latéral navigable; de Janville à la Seine, elle porte des bateaux de 125 à 250 tonnes. Sa longueur dans le département de l'Aisne est d'environ 135 kilomètres. Elle y reçoit le Gland, le Ton, le Noirieu, la Serre et l'Ailette.

Le *Gland*, qui n'a guère que 38 kilomètres de cours, se forme sur le plateau de Rocroi, dans le département des Ardennes; il côtoie le bois de Wattigny et la forêt de Saint-Michel et se perd dans l'Oise, rive gauche, à Hirson.

Le *Ton* ou Thon (45 kilom.), naît également dans le département des Ardennes; il traverse un chef-lieu de canton, Aubenton, et se perd dans l'Oise, rive gauche, à Étréaupont.

Le *Noirieu* (35 kilomètres), sorti de la forêt du Nouvion,

est côtoyé par le canal qui relie l'Oise à la Sambre. Il tombe dans l'Oise, rive droite, à Vadencourt.

La *Serre*, bien autrement importante que ces trois premiers affluents, n'a pas moins de 104 kilomètres de cours : venue du département des Ardennes, elle passe dans quatre chefs-lieux de canton de l'Aisne, Rozoy, Montcornet, Marle, Crécy ; elle rencontre l'Oise, rive gauche, dans les vastes prairies de la Fère. Ses principaux tributaires sont le *Hurtaut*, qui a son embouchure à Montcornet ; le *Vilpion*, qui passe près de Vervins et qui a son embouchure au-dessous de Marle ; la *Souche* ou *Petite-Serre*, qui vient de Sissonne, traverse les longs marais voisins de Notre-Dame-de-Liesse, et son embouchure est à Crécy.

L'*Ailette* (ou Lette), dont le cours est de 60 et quelques kilomètres naît d'une forte source à Ailles, à 6 kilomètres environ à l'ouest de Craonne, reçoit l'*Ardon*, qui baigne le pied de la haute colline de Laon, passe à Anizy-le-Château, près de la tour de Coucy, et se jette dans l'Oise, rive droite, à Manicamp. Elle se nomme l'*Ailette*, sans doute du village où elle prend naissance.

L'**Aisne** est aussi un affluent de l'Oise, mais un affluent si considérable qu'il doit être traité à part. Quand ces deux rivières se rencontrent à 2 kilomètres environ en amont de Compiègne, au pied du mont Ganelon, l'Oise roule peut-être plus d'eau, mais l'Aisne a parcouru près de quatre-vingts kilomètres de plus. Cette rivière naît dans le département de la Meuse, dans la forêt d'Argonne, pays de coteaux élevés, de bois et d'étangs. Avant d'atteindre le territoire du département auquel elle a donné son nom, elle arrose Sainte-Menehould, dans la Marne, et Rethel, dans les Ardennes. Dans l'Aisne, elle touche ou traverse les quatre villes de Neufchâtel, de Vailly, de Soissons et de Vic. Enfin, dans l'Oise, le dernier département où elle serpente, elle coule devant Attichy, puis entre la forêt de l'Aigue et la forêt de Compiègne avant de mêler ses eaux à celles de l'Oise. Sur un cours de 280 kilomètres, elle en a 98 dans le département de l'Aisne. De Vieux-les-Asfeld à Condé-sur-Aisne, elle est longée par un canal latéral; de Condé-sur-Aisne au confluent de l'Oise, elle est navigable par elle-même.

Le seul tributaire remarquable de l'Aisne dans le département est la *Vesle*, qui d'ailleurs a les quatre cinquièmes de son cours de 125 kilomètres sur le territoire de la Marne. Elle prend naissance dans les plateaux tristes et nus de la Champagne Pouilleuse, entre Châlons-sur-Marne et Sainte-Menehould, baigne Reims et entre dans l'Aisne au-dessous de Fismes. C'est une rivière très-sinueuse qui coule dans une vallée de prairies resserrée entre de hautes collines. Elle passe à Braine et tombe dans l'Aisne, rive gauche, à Condé-sur-Aisne, après avoir parcouru environ 30 kilomètres dans le département.

Bassin de la Somme. — La **Somme** est un petit fleuve de près de 250 kilomètres de longueur qui appartient presque exclusivement au département dont elle porte le nom. Dans l'Aisne, son cours ne dépasse pas 40 kilomètres : elle y prend sa source dans un village qui doit son nom de Fonsomme à cette circonstance, elle y baigne Saint-Quentin, d'où part un canal navigable tirant sur l'Escaut, Saint-Simon, d'où part le canal de Crozat, qui se dirige vers l'Oise, puis, au-dessus d'Hamel, elle pénètre dans le département de la Somme où elle passe à Péronne, à Amiens, à Abbeville avant de tomber dans la Manche, par un estuaire sablonneux, au-dessous de Saint-Valery-sur-Somme.

La Somme n'a aucun affluent important dans le département de l'Aisne.

Bassin de l'Escaut. — L'**Escaut** est un fleuve d'une longueur de 400 kilomètres, sur lesquels 7 à 8 seulement dépendent de l'Aisne, où il prend sa source, au-dessus du Câtelet. Il passe dans le département du Nord, y traverse Cambrai et Valenciennes, puis dans la Belgique, où il baigne les deux grandes villes de Gand et d'Anvers, enfin en Hollande, et se jette dans la mer du Nord par des bras que séparent de grandes îles.

IV

Climat.

Le département de l'Aisne n'a pas de montagnes, et l'on sait qu'en général moins un pays est élevé au-dessus du niveau de la mer, moins il y fait froid. Il n'est pas situé à une très-grande distance de la mer, et, plus un pays est voisin de l'Océan, plus la température y est égale et douce. Il fait partie de la zone où règne le climat séquanien ou parisien, qui doit ce double nom à ce qu'il se fait sentir dans le bassin de la Seine (en latin *Sequana*), et particulièrement à Paris. Ce climat a pour caractère principal d'être tempéré, sans grands froids, sans chaleurs extrêmes, mais en même temps humide et variable.

Toutefois, quoiqu'il n'y ait pas une différence considérable entre les climats divers des lieux habités du département, on peut dire que la température y devient de moins en moins douce à mesure qu'on se dirige vers le nord-est, c'est-à-dire vers les hautes collines des Ardennes et de la Belgique. Il fait certainement plus froid dans le canton d'Hirson, sur l'Oise naissante, que dans le canton de Charly, sur la basse Marne, entre Château-Thierry et la Ferté-sous-Jouarre.

Généralement, le climat de l'Aisne est froid et humide. surtout dans les parties marécageuses. Le printemps et l'automne y sont sujets à de brusques variations. On compte, année commune, à Laon, 110 jours de pluie, 15 de neige, 10 de gelée et 35 de brouillards. Il est bon d'ajouter que par sa situation sur une colline élevée de près de cent mètres au-dessus des plaines avoisinantes, Laon doit avoir un climat plus froid que la moyenne des autres centres de population du département.

V

Histoire.

Le département de l'Aisne a joué un rôle important dans l'histoire nationale de la France. Des événements remarquables par leurs résultats se sont passés sur son territoire.

Avant la conquête des Gaules par Jules César, le sol du département de l'Aisne, couvert de vastes forêts, avait pour habitants des tribus gauloises dont les principales étaient les Sylvanectes, les Vermandues, les Rêmes et les Suessons. Divitiac, l'un des chefs de ces derniers, avait étendu sa domination sur une grande partie de la Gaule ; il avait même porté ses armes jusque chez les Bretons au delà de la Manche et soumis à son autorité une grande partie des îles Britanniques.

L'an 58 avant J.-C., lorsque les Romains, sous la conduite de Jules César, soumettaient les uns après les autres tous les peuples gaulois, Galba, roi des Suessons, leur opposa une résistance énergique. Mais, après avoir pris part à la grande lutte nationale dans laquelle Vercingétorix succomba (52), constatant l'inutilité de ses efforts, il s'allia avec Jules César et lui fournit des troupes. Ces secours, fort utiles au général romain, contribuèrent pour une grande part à la victoire qu'il remporta sur la puissante confédération des Belges coalisés, dans la sanglante bataille de Bibrax, aujourd'hui Bièvres près de Laon (?).

Soissons, qui auparavant s'appelait *Noviodunum*, prit le nom d'*Augusta Suessionum*. Elle fut après Reims la ville la plus importante de la Belgique, quand celle-ci eut été réduite en province romaine; le territoire désigné alors sous le nom de Gaule Belgique ou simplement de Belgique avait une plus grande étendue que le royaume actuel de Belgique.

Les Romains, maîtres du pays, s'y fortifièrent. Ils y bâtirent des villes (Laon, primitivement *Laudunum*, date de cette

Cathédrale de Laon.

époque), ils y tracèrent des routes, dont les restes, visibles encore de nos jours, sont connus sous le nom de voies romaines ou de chaussées Brunehaut, parce que cette reine les fit partout réparer avec le plus grand soin.

L'industrie, les mœurs, les coutumes, la langue des Romains, s'implantèrent rapidement chez les Gaulois; et, quand le christianisme fut prêché dans tout l'empire romain, des apôtres vinrent, là comme partout ailleurs, annoncer l'Évangile. Parmi ces hommes dévoués nous citerons surtout saint Quentin, saint Crépin, saint Crépinien, saint Sinice. Malgré les persécutions, la religion nouvelle s'établit peu à peu. Elle était très-répandue à l'époque où les invasions des barbares vinrent enlever les Gaules à l'empire romain.

Les Francs, sous la conduite de Chlodowig ou Clovis, portèrent le dernier coup à la domination romaine. Ils gagnèrent une grande bataille (486) sur Syagrius, général romain, sous les murs de Soissons. Leur victoire, complète et décisive, doit être regardée, à cause de ses conséquences, comme l'un des événements les plus considérables de notre histoire. La bataille de Soissons décida en effet de l'avenir du pays; de ce jour date réellement la nationalité française et le royaume de France fut fondé.

L'empereur Zénon, qui n'avait plus qu'un droit nominal sur les provinces conquises par les Francs, les céda à Clovis, leur chef. Le clergé tourna les yeux vers ce dernier et voulut s'en faire un protecteur. L'un des premiers, saint Remi, archevêque de Reims, entra en relations avec le chef barbare. Il lui réclama un vase précieux de l'église de Reims, vase qui se trouvait dans le butin fait à la bataille de Soissons. Clovis, voulant satisfaire au désir de l'archevêque, demanda ce vase à ses compagnons d'armes pour sa part de butin; mais l'un d'eux lui répondit fièrement : « Tu l'auras si le sort te le donne, » et d'un coup de sa hache il brisa le vase. A quelque temps de là, dans une revue, Clovis arrache des mains de ce soldat sa francisque ou hache d'armes, qu'il jette à terre, et, tandis que le soldat se baisse pour la ramasser, il lui fend

Le vase de Soissons.

la tête en s'écriant : « Souviens-toi du vase de Soissons. »

Ce fait prouve combien l'autorité du roi franc était alors précaire. Mais bientôt, grâce à ses conquêtes, à l'appui des évêques après sa conversion au christianisme et son baptême (496), grâce aux meurtres successifs de tous ses parents, Clovis devint seul roi des peuples francs avec une puissance et une autorité absolues.

A sa mort (511), Clotaire Ier lui succéda comme roi de Soissons. Ce prince, bien qu'il eût réuni sous sa domination toutes les possessions de son père et qu'il les eût même augmentées par ses propres conquêtes, séjourna fréquemment dans sa capitale, où il se fit enterrer. Dans le partage qui eut lieu alors (561), Soissons resta la capitale du royaume de Neustrie ou de l'Ouest, par opposition au royaume d'Austrasie ou de l'Est. Ce fut Clotaire II, fils de Chilpéric Ier et petit-fils de Clotaire Ier, qui transporta définitivement à Paris le siége de son gouvernement. A cette époque commence une série de meurtres, de crimes, de trahisons et de guerres qui, pendant la rivalité de Frédégonde et de Brunehaut (561-613) et sous la domination des maires du palais (613-687), fomentés par les haines réciproques des Austrasiens encore barbares et des Neustriens plus policés, ensanglantèrent souvent le sol du département dont nous résumons l'histoire. La victoire de Leucofao (aujourd'hui Laffaux?), gagnée par Ebroïn, maire de Neustrie, en 680, donna un instant aux Neustriens la prépondérance, qui leur fut enlevée par la bataille de Testry (687), où Pépin d'Héristal, maire d'Austrasie, triompha d'eux définitivement.

Toutefois les Neustriens, à la mort de Pépin, tentèrent de reconquérir leur indépendance et de ressaisir la suprématie ; mais ils furent de nouveau battus avec leurs alliés les Aquitains sous les murs de Soissons (718) par Charles Martel, fils de Pépin d'Héristal.

Pépin le *Bref*, ainsi nommé à cause de sa petite taille, fils et héritier de Charles Martel, voulut avec le pouvoir royal posséder le titre de roi. Il se fit proclamer roi dans une assemblée de leudes et d'évêques réunie à Soissons. Le légat du pape le sacra immédiatement (752). Un peu plus tard à Saint-Denis, près de Paris, le pape confirma lui-même ce sacre provisoire par une consécration solennelle.

Louis le Débonnaire, le trop faible successeur de l'empereur Charlemagne, fut emprisonné deux fois (829-833) à Soissons : une première fois par ses fils révoltés contre lui ; la seconde fois, en exécution de la sentence d'un tribunal d'évêques qui, trompés ou abusés par ce prince qui s'accusait de crimes imaginaires, le condamnèrent à la prison.

Sous le règne de Charles le Chauve, commencent les attaques des Normands. Ils apparaissent pendant le règne de Louis III et Carloman sous les murs de Saint-Quentin, qu'ils pillent et qu'ils brûlent (883). Château-Thierry éprouve le même sort (884). Soissons attaquée par eux put leur résister (886), non sans avoir vu toutefois brûler ses faubourgs. Un village (Manicamp) s'est élevé sur l'emplacement du camp qu'ils occupaient, lorsqu'ils firent le siége du château de Kierzi ou Quierzy, résidence favorite des rois francs, et où Charles le Chauve avait signé, en 877, le fameux capitulaire dit de Kierzi, qui consacra légalement le régime féodal.

En 923, Charles IV, dit le *Simple*, perdit, sous les murs de Soissons, une bataille contre son compétiteur Robert (qu'il tua de sa propre main). Après la mort de Louis V, Hugues Capet, s'étant proclamé roi de France (987), vint mettre le siége devant la ville de Laon, dernière possession des Carlovingiens. Cette ville fut prise en 991.

Cependant les idées d'indépendance et de liberté s'étaient répandues peu à peu parmi les populations des villes. Le grand mouvement communal du nord de la France commence et s'accomplit avec des vicissitudes diverses. Saint-Quentin se constitue en commune, en 1103 ; Soissons, en 1131 ; Château-Thierry, en 1231 ; Chauny, en 1167 ; la Fère, en 1207 ; Laon, érigée en commune dès 1110, eut à lutter longtemps pour conserver ou recouvrer ses priviléges, qu'elle se vit retirer à plusieurs reprises. En 1239 seulement, plus d'un siècle plus tard, elle put enfin jouir en paix et sans contestation de ses franchises municipales, jusqu'à sa suppression en 1331.

Ces priviléges ne font qu'accroître la puissance de la féodalité. De 1225 à 1230 Enguerrand III, sire de Coucy, fit construire le château dont les ruines attestent encore la splendeur. C'était un baron si puissant qu'une ligue de nobles lui offrit d'être roi à la place de Louis IX encore enfant. Il refusa. Guillaume, un de ses descendants, quoique possesseur de

Ruines du château de Coucy.

domaines immenses, abandonna tout autre titre pour garder celui de Coucy. Peut-être est-ce à ce seigneur (mort en 1335), qu'il faut rapporter la devise fameuse : « *Roi ne suis, — ne prince, ne duc, ne comte aussy, — je suys le sire de Coucy.* »

La guerre de Cent ans (1340-1453), qui désola une si grande partie de la France, causa, principalement dans ces contrées qui plus tard devaient faire partie du département de l'Aisne, des désastres, des famines et des douleurs effroyables. La terrible

Salle de spectacle et hôtel de ville de Saint-Quentin

insurrection des Jacques, qui éclata en 1358, fut due principalement à ces malheurs. Les paysans soulevés pillèrent les villes, incendièrent les châteaux, dont ils massacrèrent les habitants. De nombreuses victimes périrent dans le Soissonnais, le Laonnois, le Vermandois, le Valois.

A ces calamités vinrent s'ajouter les guerres civiles dites de religion (1559-1598), où catholiques et protestants s'égorgèrent mutuellement. En 1557, pour se venger de l'appui que le roi de France prêtait aux protestants d'Allemagne et des Pays-Bas, Philippe II, roi d'Espagne, mit le siége devant Saint-Quentin, tailla en pièces (10 août 1557) l'armée de secours envoyée par Henri II, emporta la ville d'assaut (27 août) et la livra au pillage de ses soldats pendant cinq jours. Quinze cents bourgeois trouvèrent la mort dans ce siége héroïque. Mais, par leur courageuse résistance, ils avaient sauvé le royaume, en permettant d'organiser la défense. En 1559, la ville était rendue à la France.

La Ligue, qui ne voulait point d'un roi huguenot sur le trône de France, trouva de nombreux partisans dans toutes les villes de cette contrée. Henri IV fut obligé de les assiéger presque toutes, et elles ne se rendirent pour la plupart qu'après son abjuration (1594). La paix de Vervins (1598) vint enfin rendre un peu de calme et de tranquillité à ce pays si tourmenté par ces calamités sans nombre.

C'est surtout à la fin des guerres de l'empire que le département de l'Aisne fut le théâtre de grands événements. En 1814, le sort de la France et la fortune de Napoléon Ier se décidèrent sur son territoire. En vain celui-ci usa-t-il de toutes les ressources de son fécond génie, il ne put triompher du nombre de ses ennemis qui l'entouraient et l'accablaient de toutes parts. La lutte était devenue impossible. La victoire de Craonne (6 et 7 mars) fut infructueuse, la bataille de Laon (9 et 10 mars) resta indécise. Soissons fut, pendant cette campagne, prise et reprise plusieurs fois. L'année suivante (1815), après le désastre de Waterloo, elle servit, ainsi que Laon, de centre de ralliement à nos troupes si éprouvées par cette courte et désastreuse campagne de Belgique. Elle capitula alors devant l'armée russe seulement le 14 août.

En 1870-1871, l'armée prussienne occupa toute l'étendue du département de l'Aisne. Elle y leva d'énormes contributions de guerre (8,500,000 francs). Soissons, assiégée, capitula, le 16 octobre 1870, après plusieurs jours de bombardement. Laon s'était rendue dès le 5 septembre; la prise de possession de la citadelle en avait été signalée par une soudaine et terrible explosion de sa poudrière. Le 8 octobre, Saint-Quentin, ville ouverte, se signala par sa résistance à l'ennemi.

Le 19 janvier, le général Faidherbe, commandant en chef de l'armée du Nord, perdait glorieusement la bataille de Saint-Quentin contre un ennemi de beaucoup supérieur en nombre.

Le département de l'Aisne a été évacué par l'armée prussienne après la signature de la paix.

VI

Personnages célèbres.

Premier siècle av. J.-C. — Divitiac, chef des Suessons; — Galba, l'un de ses successeurs.

Cinquième siècle après J.-C. — Saint Remi (437-533), évêque de Reims, qui baptisa Clovis en 496; né à Cerny-en-Laonnois.

Septième siècle. — Ebroin, maire du palais de Neustrie.

Huitième siècle. — Bertrade, mère de Charlemagne, née à Laon, morte en 783.

Neuvième siècle. — Paschase Radbert, abbé de Corbie, savant théologien. — Abbon, évêque de Soissons.

Dixième siècle. — Louis IV, dit d'Outremer, roi de France de 936 à 954. — Lothaire, fils du précédent, roi de 954 à 986. — Louis V le Fainéant, dernier roi carlovingien (986-987).

Douzième siècle. — Robert de Coucy, architecte de la cathédrale de Reims.

Quatorzième siècle. — COLART DE LAON, peintre. — GUILLAUME DE HARCIGNY, médecin, mort en 1393.

Seizième siècle. — JEAN HENNUYER (1497-1578), évêque de Lisieux, sauva les protestants lors du massacre de la Saint-Barthélemi (?). — CHARLES, cardinal DE BOURBON (1523-1590), né à Gandelu, porta pendant quelque temps le titre de roi de France sous le nom de Charles X. — LOUIS DE BOURBON, PRINCE DE CONDÉ (1530-1569), tué à Jarnac. — CHARLES DE LORRAINE duc DE MAYENNE (1554-1611), chef des Ligueurs, né à Soissons. — GUILLAUME DUPRÉ (1590-1643), statuaire et graveur, né à Sissonne.

Dix-septième siècle. — MARQUETTE (1607-1677, portrait), jésuite, a découvert le Mississipi et la Louisiane. — JEAN DE LA FONTAINE (1621-1695), le grand fabuliste, né à Château-Thierry. — JEAN RACINE (1639-1699), l'un de nos plus grands poëtes tragiques, né à la Ferté-Milon. — LUC D'ACHERY (1609-1685), savant bénédictin. — LOUIS LE NAIN (1593-1648, portrait), ANTOINE LE NAIN (1568 ou 1578-1648, portrait, intérieur, genre et histoire), et MATHIEU LE NAIN, tous les trois peintres distingués, nés à Laon.

Dix-huitième siècle. — CONDORCET (1743-1794), géomètre, philosophe, publiciste, né à Ribemont. — BABEUF (1764-1797), trop célèbre communiste. — CAMILLE DESMOULINS (1762-1794), écrivain et homme politique, né à Guise. — QUENTIN DE LA TOUR (1704-1788), fameux peintre de pastel, né à Saint-Quentin. — FOUQUIER-TINVILLE (1747-1795), accusateur public sous la Terreur, né à Hérouel, près de Saint-Quentin. — DEMOUSTIER (1760-1801), auteur des *Lettres à Émilie sur la mythologie*. — SÉRURIER (1742-1819), maréchal de France, né à Laon. — BEFFROY DE REIGNY, dit LE COUSIN JACQUES (1757-1811), auteur dramatique et musicien. — QUINETTE, baron DE ROCHEMONT (1762-1821), homme politique. — LUCE DE LANCIVAL (1764-1810), poëte, membre de l'Institut. — LECAT, chirurgien (1700-1768). — QUINQUET, inventeur des lampes à courant d'air.

Dix-neuvième siècle. — CAULAINCOURT, duc DE VICENCE (1772-

1827), diplomate fameux. — PAILLET (1795-1855), célèbre avocat du barreau de Paris, né à Soissons. — ALEXANDRE

Statue de Jean Racine à la Ferté-Milon.

DUMAS père (1803-1870), romancier et auteur dramatique, né à Villers-Cotterêts.

VII

Population, langue, culte, instruction publique.

La *population* de l'Aisne s'élevait, d'après le recensement de 1872, à 552,439 habitants (273,715 du sexe masculin, 278,724 du sexe féminin). A ce point de vue, c'est le 17e département. Le chiffre des habitants, divisé par celui des hectares, donne environ 77 habitants par 100 hectares ou par kilomètre carré; c'est ce qu'on nomme la *population spécifique*. La France entière ayant 69 à 70 habitants par kilomètre carré, il en résulte que l'Aisne renferme, à surface égale, 7 à 8 habitants de plus que l'ensemble de notre pays. Sous le rapport de la population spécifique, l'Aisne est le 18e département.

Depuis 1801, date du premier recensement officiel, l'Aisne a gagné 123,053 habitants.

Les habitants de quelques villages parlent le patois picard.

Presque tous les habitants de l'Aisne sont catholiques. Sur les 552,439 habitants de 1872, on ne comptait que 5,438 protestants et 161 israélites.

Le nombre des *naissances* a été, en 1871, de 11,555 (plus 651 mort-nés); celui des *décès*, de 16,802; celui des *mariages*, de 3,858.

La *vie moyenne* est de 37 ans 6 mois.

Le *lycée* a compté, en 1873, 478 élèves; les quatre *colléges communaux*, 648; seize *institutions secondaires libres*, 1,204; 1,261 *écoles primaires*, 79,045; 62 *salles d'asile*, 7,424.

Le recensement de 1872 a donné les résultats suivants :

Ne sachant ni lire ni écrire.	181,104
Sachant lire seulement.	28,651
Sachant lire et écrire.	340,236
Dont on n'a pu vérifier l'instruction. . . .	2,448
Total. . .	552,439

Sur 70 accusés de crimes, en 1865, on a compté :

Accusés ne sachant ni lire ni écrire.	23
— sachant lire ou écrire imparfaitement. . .	25
— sachant bien lire et bien écrire.	21
— ayant reçu une instruction supérieure à ce premier degré.	1
Total.	70

VIII

Divisions administratives.

Le département de l'Aisne forme le diocèse de Soissons (suffragant de Reims),—la 2e subdivision de la 4e division militaire, — Il ressortit : à la cour d'appel d'Amiens, — à l'académie de Douai, — à la 4e légion de gendarmerie (Châlons), — à la 2e inspection des ponts et chaussées, — à la 7e conservation des forêts (Amiens), — à l'arrondissement minéralogique de Paris (division du Nord-Ouest),—à la 2e région agricole (N.).— Il comprend : 5 arrondissements (Château-Thierry, Laon, Saint-Quentin, Soissons, Vervins), 37 cantons, 838 communes.

Chef-lieu du département : LAON (10,365 hab.).

Chefs-lieux d'arrondissement : Château-Thierry (6,623 habit.), Laon, Saint-Quentin (34,811, hab.), Soissons (10,404 habit.), Vervins (2,934 hab.).

Arrondissement de Château-Thierry (5 cant., 124 com., 119,280 hect., 59,128 hab.).

Canton de Charly (19 com., 21,231 hect., 11,502 h.). — Bézu-le-Guéry, 280 h. — Chapelle-sur-Chézy (La), 272 h. — Charly, 1,677 h. — Chézy-l'Abbaye, 1,200 h. — Coupru, 194 h. — Crouttes, 607 h. — Domptin, 419 h. — Epine-aux-Bois (L'), 350 h. — Essises, 328 h. — Lucy-le-Bocage, 232 h. — Montfaucon, 281 h. — Montreuil-aux-Lions 978 h. — Nogent-l'Artaud, 1,528 h. — Pavant, 648 h. — Romeny, 231 h.— Saulchery, 607 h. — Vendières, 352 h. — Vieils-Maisons, 1,006 h. — Villiers-sur-Marne, 512 h.

Canton de Château-Thierry (21 com., 21,366 hect., 15,509 h.). -

Azy-Bonneil, 192 h. — Bellau, 257 h. — Bézu, 682 h. — Bézu-Saint-Germain, 507 h. — Blesmes, 516 h. — Bonneil, 389 h. — Bouresches, 240 h. — Brasles, 565 h. — Château-Thierry, 6,623 h. — Chierry, 286 h. — Epaux-Epieds, 359 h. — Essommes, 1,714. — Etampes, 296 h. — Etrépilly, 133 h. — Fossoy, 290 h. — Gland, 331 h. — Marigny-en-Orxois, 621 h. — Mont-Saint-Père, 558 h. — Nesles, 409 h. — Nogentel, 506 h. — Verdilly, 325 h.

Canton de Condé (27 com., 24,319 hect., 10,434 h.). — Artonges, 311 h. — Barzy, 488 h. — Baulne, 562 h. — Celle (La), 258 h. — Celle-lès-Condé, 155 h. — Chapelle-Monthodon (La), 388. — Chartèves, 370 h. — Condé, 651 h. — Connigis, 343 h. — Courboin, 390 h. — Courtemont-Varennes, 277 h. — Crézancy, 492 h. — Fontenelle, 326 h. — Jaulgonne, 588 h. — Marchais, 406 h. — Mézy-Moulins, 334 h. — Monthurel, 184 h. — Montigny-lès-Condé, 180 h. — Montlevon, 547 h. — Pargny, 327 h. — Passy-sur-Marne, 186 h. — Reuilly-Sauvigny, 295 h. — Rozoy-Bellevalle, 187 h. — Saint-Agnan, 265 h. — Saint-Eugène, 228 h. — Tréloup, 1,328 h. — Viffort, 368 h.

Canton de Fère-en-Tardenois (23 com., 26,469 hect., 10,658 h.). — Beuvardes, 842 h. — Brécy, 477 h. — Bruyères, 285 h. — Charmel (Le) 455 h. — Cierges, 267 h. — Cohan, 177 h. — Coincy, 1,072 h. — Coulonges, 608 h. — Courmont, 247 h. — Dravegny, 278 h. — Fère-en-Tardenois, 2,218 h. — Fresnes, 312 h. — Goussancourt, 268 h. — Mareuil-en-Dôle, 393 h. — Nanteuil-Notre-Dame, 148 h. — Ronchères, 248 h. — Saponay, 296 h. — Sergy, 284 h. — Seringes-et-Nesles, 338 h. — Vézilly, 330 h. — Villeneuve-sur-Fère, 389 h. — Villers-Agron-Aiguizy, 202 h. — Villers-sur-Fère, 504 h.

Canton de Neuilly-Saint-Front (34 com., 25,895 hect., 10,955 h.). — Armentières, 163 h. — Bonnes, 327 h. — Brumetz, 226 h. — Bussiares, 201 h. — Chézy-en-Orxois, 552 h. — Chouy, 600 h. — Cointicourt, 113 h. — Courchamps, 119 h. — Croix (La), 149 h. — Dammard, 272 h. — Ferté-Milon (La), 1,823 h. — Gandelu, 513 h. — Crisolles, 270 h. — Hautevesnes, 217 h. — Latilly, 267 h. — Licy-Clignon, 125 h. — Marizy-Sainte-Geneviève, 217 h. — Marizy-Saint-Mard, 97 h. — Monthiers, 279 h. — Montigny-l'Allier, 409 h. — Montron, 102 h — Nanteuil-Vichels, 168 h. — Neuilly-Saint-Front, 1,667 h. — Passy-en-Valois, 104 h. — Priez, 99 h. — Rocourt, 276 h. — Rozet-Saint-Albin, 356 h. — Saint-Gengoulph, 229 h. — Saint-Quentin, 49 h. — Silly-la-Poterie, 169 h. — Sommelans, 105 h. — Torcy, 118 h. — Troësnes, 298 h. — Veuilly-la-Poterie, 276 h.

Arrondissement de Laon (11 cant., 289 com., 245,498 hect., 164,282 h.).

Canton d'Anizy-le-Château (22 com., 13,797 hect., 9,105 h.). — Anizy-le-Château, 1,084 h. — Bassoles-Aulers, 293 h. — Bourguignon-sous-Monbavin, 162 h. — Brancourt, 629 h. — Cessières, 512 h. — Chaillevois, 198 h. — Chevregny, 572 h. Faucoucourt, 506 h. — Laniscourt, 225 h. — Laval, 300 h. — Lizy, 288 h. — Merlieux-et-Fouquerolles, 260 h. — Monampteuil, 372 h. — Mons-en-Laonnois, 517 h. — Montbavin,

97 h. — Pinon, 634 h. — Royaucourt-et-Chailvet, 253 h. — Suzy, 467 h. — Urcel, 643 h.—Vaucelles-et-Beffecourt, 185 h.—Vauxaillon, 601 h.— Wissignicourt, 300 h.

Canton de Chauny (20 com., 15,880 hect., 22,162 h.). — Abbécourt, 653 h. — Amigny-Rouy, 1,007 h. — Autreville, 818 h. — Beaumont-en-Beine, 412 h. —Béthancourt-en-Vaux, 506 h.—Caillouël-Crépigny, 504 h. — Caumont, 481 h. — Chauny, 8,800 h. — Commenchon, 253 h. — Condren, 477 h. — Frières-Faillouël, 1,191 h. — Guivry, 482 h. — Marest-Dampcourt, 597 h. — Neuflieux, 112 h. — Neuville-en-Beine (La), 358 h. — Ognes, 653 h. — Sinceny, 1,952 h. — Ugny-le-Guay, 436 h.— Villequier-au-Mont-et-Guyencourt, 865 h. — Viry-Noureuil, 1,625 h.

Canton de Coucy-le-Château (33 com., 25,953 hect., 17,112 h.). — Audignicourt, 252 h. — Auffrique-et-Nogent, 475 h. — Barisis, 1,025 h. — Besmé, 191 h. — Bichancourt, 1,114 h. — Blérancourdelle, 122 h.— Blérancourt, 1,112 h. —Bourguignon-sous-Coucy, 89 h. — Camelin-et-le-Fresne, 525 h.—Champs, 422 h. — Coucy-le-Château, 745 h. — Coucy-la-Ville, 258 h. — Crécy-au-Mont, 521 h. — Folembray, 1,481 h. — Fresnes, 348 h. — Guny, 630 h. — Jumencourt, 238 h. — Landricourt, 287 h. — Leuilly, 646 h. — Lombray, 55 h. — Manicamp, 804 h. — Pierremande, 302 h. — Pont-Saint-Mard, 437 h. — Prémontré, 744 h. — Quierzy, 604 h. — Quincy-Basse, 196 h. — Saint-Aubin, 414 h. — Saint-Paul-aux-Bois, 802 h. — Selens, 411 h. — Septvaux, 289 h. — Trosly-Loire, 923 h. — Vassens, 422. — Verneuil-sous-Coucy, 228 h.

Canton de Craonne (40 com., 19,321 hect., 11,230 h.).—Ailles, 182 h. — Aizelles, 227 h. — Aubigny, 345 h. — Beaulne-et-Chivy, 231 h. — Beaurieux, 830 h. — Berrieux, 412 h. — Bouconville, 444 h.—Bourg-et-Comin, 440. — Braye-en-Laonnois, 490 h. — Cerny-en-Laonnois, 234 h. — Chamouille, 201 h. — Chermizy, 257 h. — Colligis, 221 h. — Corbeny, 895 h. — Courtecon, 106 h. — Grandelain-et-Malval, 201 h. — Craonne, 755 h. — Craonnelle, 354 h. — Cuiry-lès-Chaudardes, 124 h.— Cuissy-et-Geny, 199 h. — Goudelancourt-lès-Berrieux, 153 h. — Jumigny, 203 h. — Lierval, 307 h. — Martigny, 268 h. — Monthenault, 179 h. — Moulins, 267 h. — Moussy-sur-Aisne, 120 h. — Neuville, 155 h. — Œuilly, 250 h. — Oulches, 208 h. — Paissy, 236 h. — Pancy, 112 h. — Pargnan, 188 h. — Sainte-Croix, 258 h. — Saint-Thomas, 171 h. — Trucy, 252 h. — Vassogne, 184 h. — Vauclerc-et-la-Vallée-Foulon, 95 h. — Vendresse-et-Troyon, 244 h. — Verneuil-Courtonne, 252 h.

Canton de Crécy-sur-Serre (20 com., 19,343 hect., 12,153 h.). — Assis-sur-Serre, 502 h.—Barenton-Bugny, 703 h. — Barenton-Cel, 174 h. — Barenton-sur-Serre, 233 h. — Bois-lès-Pargny, 606 h. — Chalandry, 480 h. — Chéry-lès-Pouilly, 720 h. — Couvron-et-Aumencourt, 701 h.— Crécy-sur-Serre, 1,965 h. — Dercy, 908 h. — Mesbrecourt-Richecourt, 614 h. — Montigny-sur-Crécy, 514 h. — Mortiers, 369 h. — Nouvion-et-Catillon, 932 h. — Nouvion-le-Comte, 711 h. — Pargny-lès-Bois, 251 h. — Pont-à-Bucy, 142 h. — Pouilly, 767 h. — Remies, 490 h.—Verneuil-sur-Serre, 371 h.

Canton de la Fère (27 com., 18,323 hect., 21,970 h.). — Achery,

924 h. — Andelain, 148 h. — Anguilcourt-le-Sart, 705 h. — Beautor, 625 h. — Bertaucourt-Epourdon, 589 h. — Brie, 149 h. — Charmes, 777 h. — Courbes, 95 h. — Danizy, 402 h. — Deuillet, 182 h. — Fargniers, 1,610 h. — La Fère, 4,158 h. — Fourdrain, 767 h. — Fressancourt, 206 h. — Liez, 410 h. — Mayot, 444 h. — Mennessis, 262 h. — Monceau-lès-Leups, 952 h. — Quessy, 894 h. — Rogécourt, 176 h. — Saint-Gobain, 2,133 h. — Saint-Nicolas-aux-Bois, 243 h.—Servais, 452 h. — Tergnier, 2,572 h. — Travecy, 931 h. — Versigny, 715 h. — Vouël, 451 h.

Canton de Laon (27 com., 23,085 hect., 20,438 h.). — Arrancy, 171 h. — Athies, 1,028 h. — Aulnois, 296 h. — Besny-et-Loizy, 207 h. — Bièvres, 222 h. — Bruyères-et-Montbérault, 1,046 h. — Bucy-lès-Cerny, 249 h. — Cerny-lès-Bucy, 141 h. — Chambry, 306 h. — Cherêt, 179 h. —Chivy-les-Etouvelles, 267 h.—Clacy-et-Thierret, 159 h.—Crépy, 1,717 h. — Eppes, 315 h. — Etouvelles, 211 h. — Festieux, 706 h. — Laon, 10,365 h. — Molinchart, 320 h. — Montchâlons, 197 h. — Nouvion-le-Vineux, 176 h. — Orgeval, 134 h. — Partondru, 370 h. — Ployart-et-Vaurseine, 163 h. — Presles-et-Thierny, 395 h. — Veslud, 463 h. — Vivaise, 220 h. — Vorges, 415 h.

Canton de Marle (23 com., 23,209 hect., 12,865 h.). —Agnicourt-et-Séchelles, 605 h. — Autremencourt, 405 h. — Bosmont, 385 h. — Châtillon-les-Sons, 454 h. — Cilly, 485 h. — Cuirieux, 313 h. — Erlon, 495 h. — Froidmont-Cohartille, 583 h. — Grandlup-et-Fay, 516 h. — Marcy, 322 h. — Marle, 2,078 h. — Monceau-le-Waast, 240 h. — Montigny-le-Franc, 424 h. — Montigny-sous-Marle, 242 h. — Neuville-Bosmont (La), 394 h. — Pierrepont, 197 h. — Saint-Pierremont, 809 h. — Sons-et-Ronchères, 929 h. — Tavaux-et-Pensericourt, 1,322 h. — Thiernu, 287 h. — Toulis-et-Attencourt, 341 h. — Vesles-et-Caumont, 456 h. — Voyenne, 583 h.

Canton de Neufchâtel (28 com., 28,369 hect., 9,689 h.). — Aguilcourt, 296 h. — Amifontaine, 427 h. — Berry-au-Bac, 635 h. — Bertricourt, 90 h. — Boulfignereux, 165 h. — Chaudardes, 150 h. — Concevreux, 363 h. — Condé-sur-Suippe, 181 h. — Evergnicourt, 374 h. — Gernicourt, 87 h. — Guignicourt, 550 h. — Guyencourt, 366 h. — Juvincourt-et-Damary, 677 h. — Lor, 241 h. — Maizy, 400 h. — Malmaison (La), 725 h. — Menneville, 286 h. — Meurival, 129 h. — Muscourt, 75 h. — Neufchâtel, 806 h. — Orainville, 337 h. — Pignicourt, 353 h. — Pontavert, 441 h. — Prouvais, 454 h. — Proviseux-et-Plesnoy, 147 h. — Roucy, 638 h. — Variscourt, 113 h.—Ville-aux-Bois-les-Pontavers, 203 h.

Canton de Rozoy-sur-Serre (29 com., 25,650 hect., 14,971 h.). — Archon, 258 h. — Autels (Les), 431 h. — Berlise, 320 h. — Brunehamel, 884 h. — Chaourse, 830 h. — Chéry-les-Rozoy, 363 h. — Clermont, 175 h. — Cuiry-les-Iviers, 206 h. — Dagny-Lambercy, 427 h.— Dizy-le-Gros, 1,425 h. — Dohis, 477 h. — Dolignon, 150 h. — Grandrieux, 198 h. — Lislet, 234 h. — Montcornet, 1,552 h. — Montloué, 592 h. — Morgny-en-Thiérache, 363 h. — Noircourt, 527 h. — Parfondeval, 558 h. — Rallimont, 185 h. — Renneval, 375 h. — Résigny, 644 h. — Rouvroy,

205 h. — Rozoy-sur-Serre, 1,475 h. — Sainte-Geneviève, 137 h. — Soize, 298 h. — Vigneux, 816 h. — Ville-aux-Bois-les-Dizy (La), 594 h. — Vincy-Reuil-et-Magny, 272 h.

Canton de Sissonne (20 com., 32,078 hect., 12,587 h.). — Boncourt, 417 h. — Bucy-les-Pierrepont, 749 h. — Chivres-et-Machecourt, 741 h. — Coucy-les-Eppes, 485 h. — Courtrizy-et-Fussigny, 177 h. — Ebouleau, 517 h. — Gizy, 685 h. — Goudelancourt-les-Pierrepont, 328 h. — Lappion, 619 h. — Liesse, 1,552 h. — Marchais, 608 h. — Mauregny-en-Haye, 600 h. — Missy-les-Pierrepont, 189 h. — Montaigu, 810 h. — Nizy-le-Comte, 526 h. — Saint-Erme-Outre-et-Ramecourt, 1,570 h. — Sainte-Preuve, 239 h. — Samoussy, 215 h. — Selve (La), 550 h. — Sissonne, 1,430 h.

Arrondissement de Saint-Quentin (7 cant., 127 com., 107,279 hect., 142,711 h.).

Canton de Bohain (14 com., 15,037 hect., 24,793 h.). — Becquigny, 480 h. — Bohain, 5,931 h. — Brancourt, 1,600 h. — Croix-Fonsommes, 575 h. — Escaufourt, 645 h. — Etaves-et-Bocquiaux, 1,646 h.—Fontaine-Uterte, 305 h. — Fresnoy-le-Grand, 4240 h. — Montbréhain, 2,022 h. — Montigny-Carotte, 1,405 h. — Prémont, 1,877 h. — Ramicourt, 426 h.— Seboncourt, 2,447 h. — Serain, 1,189.

Canton du Câtelet (18 com., 13,927 hect., 18,234 h.). — Aubencheul-aux-Bois, 777 h. — Beaurevoir, 2,035 h. — Bellenglise, 760 h. — Bellicourt, 1,602 h. — Bony, 471 h. — Le Câtelet, 546 h. — Estrées, 1,142 h. — Gouy, 1,412 h. — Hargicourt, 1,484 h. — Hautcourt (Le), 717 h. — Joncourt, 846 h. — Lempire, 428 h. — Levergies, 1,185 h. — Magny-la-Fosse, 258 h. — Nauroy, 1,504 h. — Sequehart, 536 h. — Vend'huile, 1,855 h.—Villerêt, 896 h.

Canton de Moy (19 com., 13,594 hect., 12,843 h.). — Alaincourt, 708 h. — Benay, 338 h. — Berthenicourt, 267 h. — Brissay-Choigny, 674 h. — Brissy, 1,004 h. — Cerizy, 97 h. — Châtillon-sur-Oise, 244 h.— Essigny-le-Grand, 972 h. — Gibercourt, 112 h. — Hamegicourt, 819 h. — Hinacourt, 128 h. — Itancourt, 786 h. — Ly-Fontaine, 298 h. — Mézières-sur-Oise, 595 h. — Moy, 1,306 h. — Neuville-Saint-Amand, 1,147 h. — Remigny, 1,093 h. — Urvillers, 856 h. — Vendeuil, 1,390 h.

Canton de Ribemont (15 com., 19,971 hect., 16,051 h.). — Chevresis-Monceau, 584 h.—Ferté-Chevresis (La), 1,435 h.—Mont-d'Origny, 1,169 h. — Neuvillette, 520 h. — Origny-Sainte-Benoîte, 2,578 h. — Parpeville, 892 h. — Pleine-Selve, 512 h. — Regny, 505 h. — Renansart, 514 h. — Ribemont, 3,124 h. — Séry-les-Mézières, 1,157 h. — Sissy, 884 h.— Surfontaine, 360 h. — Thenelles, 1,194 h. — Villiers-le-Sec, 625 h.

Canton de Saint-Quentin (14 com., 12,084 hect., 42,089 h.). — Essigny-le-Petit, 429 h. — Fieulaine, 824 h. — Fonsommes, 805 h. — Fontaine-Notre-Dame, 976 h. — Harly, 294 h. — Homblières, 1,158 h. — Lesdins, 663 h. — Marcy, 326 h. — Mesnil-Saint-Laurent, 289 h. — Morcourt, 537 h. — Omissy, 437 h. — Remaucourt, 336 h — Rouvroy, 206 h. — Saint-Quentin, 34,811 h.

Canton de Saint-Simon (23 com., 15,573 hect., 14,939 h.). — Annois 606 h. — Artemps, 534 h. — Bray-Saint-Christophe, 224 h. — Castres 372 h. — Clastres, 845 h. — Contescourt, 185 h. — Cugny, 973 h. — Dallon, 382 h. — Dury, 392 h. — Flavy-le-Martel, 2,276 h. — Fontaine-les-Clercs, 417 h. — Gauchy, 465 h. — Grugis, 511 h. — Happencourt, 462 h. — Jussy, 1,354 h. — Montescourt-Lizerolles, 702 h. — Ollezy, 300 h. — Pithon, 122 h. — Saint-Simon, 651 h. — Seraucourt, 1,486 h. — Sommette-Eaucourt, 174 h. — Tugny-et-Pont, 596 h. — Villiers-Saint-Christophe, 890 h.

Canton de Vermand (24 com., 17,093 hect., 13,742 h.). — Aubigny, 324 h. — Beauvois, 747 h. — Caulaincourt, 419 h. — Drouchy, 374 h. — Etreiller, 1,342 h. — Fayet, 664 h. — Fluquières, 637 h. — Foreste, 369 h. — Germaine, 168 h. — Gricourt, 765 h. — Holnon, 688 h. — Jeancourt, 757 h. — Lanchy, 157 h. — Maissemy, 597 h. — Marteville, 769 h. — Pontru, 630 h. — Pontruet, 412 h. — Roupy, 525 h. — Savy, 747 h. — Trefcon, 201 h. — Vaux, 199 h. — Vendelles, 328 h. — Verguier (Le), 685 h. — Vermand, 1,238 h.

Arrondissement de Soissons (6 cant., 166 com., 124,411 hect. 69,023 h.).

Canton de Braisnes (42 com., 25,550 hect., 12,120 h.). — Acy, 670 h. — Augy, 178 h. — Barbonval, 48 h. — Bazoches, 366 h. — Blanzy-les-Fismes, 132 h. — Braisne, 1,590 h. — Brenelle, 257 h. — Bruys, 103 h. — Cerseuil, 204 h. — Chassemy, 729 h. — Chéry-Chartreuve, 544 h. — Ciry-Salsogne, 554 h. — Courcelles, 394 h. — Couvrelles, 230 h. — Cys-la-Commune, 215 h. — Dhuizel, 254 h. — Glennes, 309 h. — Jouaigne, 256 h. — Lesges, 188 h. — Lhuys, 212 h. — Limé, 300 h. — Longueval, 422 h. — Merval, 95 h. — Mont-Notre-Dame, 567 h. — Mont-Saint-Martin, 45 h. — Paars, 280 h. — Perles, 77 h. — Presles-et-Boves, 319 h. — Quincy-sous-le-Mont, 92 h. — Révillon, 93 h. — Saint-Mard, 210 h. — Saint-Thibaut, 128 h. — Serches, 378 h. — Sermoise, 286 h. — Serval, 125 h. — Tannières, 74 h. — Vasseny, 211 h. — Vauxcéré, 202 h. — Vauxtin, 125 h. — Vieil-Arcy, 322 h. — Villers-en-Prayères, 191 h. — Villesavoye, 145 h.

Canton d'Oulchy-le-Château (29 com., 23,877 hect., 7,457 h.). — Ambrief, 137 h. — Arcy-Sainte-Restitue, 456 h. — Beugneux, 222 h. — Billy-sur-Ourcq, 271 h. — Branges, 134 h. — Breny, 232 h. — Buzancy, 204 h. — Chacrise, 407 h. — Chaudun, 191 h. — Cramaille, 184 h. — Cugny, 101 h. — Cuiry-Housse, 192 h. — Droizy, 155 h. — Hartennes-et-Taux, 360 h. — Launoy, 188 h. — Loupeigne, 229 h. — Maast-et-Violaine, 318 h. — Montgru-Saint-Hilaire, 69 h. — Muret-et-Crouttes, 265 h. — Nampteuil-sous-Muret, 134 h. — Oulchy-le-Château, 684 h. — Oulchy-la-Ville, 171 h. — Parcy-et-Tigny, 264 h. — Plessieu-Huleu (Le), 214 h. — Rozières, 180 h. — Rozoy-le-Grand-et-Cordoux, 400 h. — Saint-Remy-Blanzy, 350 h. — Vierzy, 486 h. — Villemontoire, 259 h.

Canton de Soissons (20 com., 12,908 hect., 19,019 h.). — Belleu, 565 h. — Berzy-le-Sec, 438 h. — Billy-sur-Aisne, 472 h. — Chavigny,

281 h. — Courmelles, 549 h. — Crouy, 1,152 h. — Cuffies, 1,162 h. — Juvigny, 416 h. — Leury, 125 h. — Mercin-et-Vaux, 588 h. —Noyant-et-Aconin, 282 h. — Pasly, 279 h. — Ploisy, 71 h. — Pommiers, 421 h. — Septmonts, 445 h. — Soissons, 10,404 h.—Vauxbuin, 418 h. — Vauxresis, 354 h. — Venizel, 241 h. — Villeneuve-Saint-Germain, 556 h.

Canton de Vailly (27 com., 16,221 hect., 9,930 h.). — Aizy, 362 h.— Allemant, 271 h. — Braye, 116 h. — Bucy-le-Long, 931 h. — Celles-sur-Aisne, 261 h. — Chavignon, 1,067 h. — Chavonne, 283 h. — Chivres, 303 h. — Clamecy, 325 h. — Condé-sur-Aisne, 324 h. — Filain, 230 h. — Jouy, 185 h. — Laffaux, 212 h. — Margival, 275 h. — Missy-sur-Aisne, 296 h.—Nanteuil-la-Fosse, 339 h. — Neuville-sur-Margival, 159 h. — Ostel, 228 h. — Pargny-Filain, 319 h. — Pont-Arcy, 168 h. — Sancy, 233 h. — Soupir, 377 h. — Terny-Sorny, 396 h. — Vailly, 1,648 h. — Vaudesson, 434 h. — Vregny, 140 h. — Vuillery, 50 h.

Canton de Vic-sur-Aisne (27 com., 21,827 hect., 10,971 h.). — Ambleny, 1,085 h. — Bagneux, 129 h. — Berny-Rivière, 609 h. — Bieuxy, 70 h. — Breuil, 84 h. —Cœuvres-et-Valsery, 659 h.—Cuissy-en-Almont, 382 h. — Cutry, 184 h. — Dommiers, 442 h. — Epagny, 374 h. — Fontenoy, 430 h. — Laversine, 179 h. — Missy-aux-Bois, 139 h.— Montigny-Lengrain, 545 h. — Morsain, 705 h. —Mortefontaine, 246 h. — Nouvron-et-Vingré, 336 h. — Osly-Courtil, 254 h. — Pernant, 365 h. — Ressons-le-Long, 644 h. — Saconin, 204 h. — Saint-Bandry, 380 h. — Saint-Christophe-à-Berry, 458 h. — Saint-Pierre-Aigle, 566 h.—Tartiers, 367 h. — Vézaponin, 264 h. — Vic-sur-Aisne, 871 h.

Canton de Villers-Cotterêts (21 com., 24,028 hect., 9,526 h.). — Ancienville, 150 h. — Corcy, 373 h. — Coyolles, 268 h. — Dampleux, 268 h. — Faverolles, 503 h. — Fleury, 166 h. — Haramont, 451 h. — Largny, 314 h. — Longpont, 243 h. — Louâtre, 390 h. — Montgobert, 340 h. — Noroy-sur-Ourcq, 175 h. — Oigny, 304 h. — Pisseleux, 179 h. — Puiseux, 310 h. — Retheuil, 444 h. — Soucy, 141 h. — Taillefontaine, 487 h. — Villers-Cotterêts, 3,119 h. — Villers-Helon, 355 h. — Vivières, 546 h.

Arrondissement de Vervins (8 cant., 132 com., 139,653 hect., 117,295 h.).

Canton d'Aubenton (13 com., 15,639 hect., 10,036 h.). — Any-Martin-Rieux, 1,009 h. — Aubenton, 1,496 h. — Beaumé, 456 h. — Besmont, 768 h. — Coingt, 504 h. — Iviers, 961 h. — Jeantes, 970 h.— Landouzy-la-Ville, 1,093 h. — Leuze, 424 h. — Logny-les-Aubenton, 225 h. — Martigny, 1,002 h. — Mont-Saint-Jean, 359 h. — Saint-Clément, 169 h.

Canton de la Capelle (18 com., 19,154 hect., 14,940 h.). — Buironfosse, 2,398 h. — Capelle (La), 1,672 h. — Chigny, 583 h. — Clairfontaine, 1,124 h. — Crupilly, 155 h. — Englancourt, 596 h. — Erloy, 514 h. — Etréaupont, 1,817 h. — La Flamangrie, 1,530 h. — Fontenelle, 907 h. — Froidestrées, 348 h. — Gergny, 372 h. — Lerzy, 558 h. — Luzoir, 637 h.—Papleux, 176 h. — Rocquigny, 659 h.—Sommeron, 222 h. — Sorbais, 666 h.

Canton de Guise (21 com., 19,253 hect., 20,309 h.). — Aisonville-et-Bernoville, 1,242 h. — Audigny, 589 h. — Bernot, 1,346 h. — Flavigny-le-Grand-et-Beaurain, 1,042 h. — Flavigny-le-Petit, 210 h. — Guise, 5,659 h. — Hauteville, 444 h. — Iron, 743 h. — Lavaqueresse, 665 h. — Lesquielles-Saint-Germain, 1,849 h. — Longchamps, 475 h. — Macquigny, 1,004 h. — Malzy, 537 h. — Marly, 981 h. — Monceau-sur-Oise, 313 h. — Noyal, 487 h. — Proisy, 644 h. — Proix, 421 h. — Romery, 212 h. — Vadencourt-et-Bohéries, 907 h. — Villers-les-Guise, 539 h.

Canton d'Hirson (13 com., 19,232 hect., 16,447 h.). — Bucilly, 404 h. — Buire, 293 h. — Effry, 254 h. — Eparcy, 101 h. — Hérie (La), 308 h. — Hirson, 3,951 h. — Mondrepuis, 1,617 h. — Neuve-Maison, 927 h. — Ohis, 660 h. — Origny, 2,697 h. — Saint-Michel, 3,637 h. — Watigny, 688 h. — Wimy, 910 h.

Canton de Nouvion (10 com., 13,930 hect., 10,440 h.). — Barzy, 468 h. — Bergues, 374 h. — Boué, 1,187 h. — Dorengt, 560 h. — Esquehéries, 1,808 h. — Fesmy, 684 h. — Leschelle, 1,039 h. — Neuville-les-Dorengt (La). 761 h. — Nouvion (Le), 3,172 h. — Sart (Le), 387 h.

Canton de Sains (19 com., 17,198 hect., 12,869 h.). — Berlancourt, 228 h. — Chevennes, 460 h. — Colonfay, 233 h. — Franqueville, 297 h. — Hérie-la-Viéville (Le), 789 h. — Housset, 570 h. — Landifay-et-Bertaignem, 1,064 h. — Lemé, 1,522 h. — Marfontaine, 230 h. — Monceau-le-Neuf, 910 h. — Neuville-Housset (La), 196 h. — Puisieux-et-Clanlieu, 929 h. — Rougeries, 305 h. — Sains, 2,328 h. — Saint-Gobert, 880 h. — Saint-Pierre, 293 h. — Sourd (Le), 695 h. — Voharies, 185 h. — Wiège-et-Faty, 755 h.

Canton de Vervins (24 com., 22,863 hect., 16,057 h.). — Autreppes, 557 h. — Bancigny, 134 h. — Bouteille (La), 1,072 h. — Braye, 532 h. — Burelles, 508 h. — Fontaine, 909 h. — Gercy, 529 h. — Cronard, 266 h. — Harcigny, 666 h. — Hary, 514 h. — Haution, 372 h. — Houry, 116 h. — Laigny, 900 h. — Landouzy-la-Cour, 515 h. — Lugny, 266 h. — Nampcelles-la-Cour, 415 h. — Plomion, 1,512 h. — Prisces, 312 h. — Rogny, 277 h. — Saint-Algis, 463 h. — Thenailles, 798 h. — Vallée-aux-Bleds (La), 553 h. — Vervins, 2,934 h. — Voulpaix, 937 h.

Canton de Wassigny (14 com., 12,284 hect., 16,197 h.). — Etreux, 1,985 h. — Grougis, 1,647 h. — Hannappes, 1,077 h. — Mennevret, 2,289 h. — Molain, 833 h. — Oisy, 1,045 h. — Ribeauville, 431 h. — Saint-Martin-Rivières, 467 h. — Tupigny, 1,190 h. — Vallée-Mulâtre (La) 527 h. — Vaux-Audigny, 1,754 h. — Vénérolles, 659 h. — Verly, 062 h. — Wassigny, 1,531 h.

IX

Agriculture.

Sur les 736,731 hectares du département, on compte en nombres ronds :

Terres labourables.	491,000 hectares.
Prés.	53,000
Vignes.	8,400
Bois.	107,000
Landes.	15,600

Le reste se partage entre les farineux, les cultures potagères, maraîchères et industrielles, les étangs, les emplacements de villes, de bourgs, de villages, de fermes, les surfaces prises par les routes, les cimetières, etc.

En nombres ronds, on compte, dans le département, 92,650 chevaux, ânes et mulets, 118,500 bœufs, 783,300 moutons, 77,500 porcs, 11,400 chèvres, 28,500 chiens. Les habitants des campagnes donnent surtout leurs soins à l'élevage des chevaux, des ânes et des mérinos.

L'agriculture est en grand progrès, dans le département, depuis quelques années. La production en *céréales* y est considérable et se trouve plus que suffisante pour la consommation des habitants. Les *légumes* réussissent parfaitement sur tout le territoire; les *asperges* et *artichauts* des environs de Laon, ainsi que les *haricots de Soissons*, sont particulièrement renommés. Le chanvre, la navette, et surtout le *lin*, l'une des principales richesses agricoles du département, donnent de très-beaux résultats. Dans l'arrondissement de Saint-Quentin, on cultive l'*osier* pour la fabrication de la *vannerie de Thiérache*. Enfin, on trouve sur le territoire quelques plantations de houblon.

L'Aisne n'est pas un pays vinicole; pourtant on y récolte des *vins ordinaires* assez estimés : citons, pour le vin rouge, les vignobles de Craonne, Craonnelle, Cuissy, Jumigny, Laon (crus de la *Cuisine* et de la *Cuve Saint-Vincent*), Lierval, Mont-Châlons, Orgeval, Pargnant, Trucy, Roucy, Soupire, Vailly, Vassogne; pour le vin blanc, les vignobles de Charly, Essommes, Gland et Pargnant.

Les différentes vallées du département renferment de belles prairies naturelles ; les prairies artificielles, qui se multiplient chaque année, sont très-productives.

X

Industrie.

Le département de l'Aisne est un des pays manufacturiers les plus importants de France. L'industrie des **tissus de coton et de laine** surtout, dont Saint-Quentin est le centre, y est très-développée. Elle occupe 130,000 ouvriers, répartis dans 800 établissements, et qui travaillent la 40e partie des cotons envoyés en France, et produisent pour 80 à 90 millions de valeurs par an. Les tissus de coton sont principalement les calicots, percales, cretonnes, jaconas, croisés, piqués, mousselines, batiste, gaze. Les tissus de laine sont la mousseline-laine, le barége, les cachemires d'Écosse, les mérinos.

Les *châles* de soie ou de laine se fabriquent à Saint-Quentin, Fresnoy-le-Grand (imitations de cachemires), à Origny-Sainte-Benoîte, à Mont-d'Origny, à Guise, etc. Les *tricots* viennent de Chauny et de Vervins. Fresnoy-le-Grand fabrique aussi des *gazes de soie* et des *fils;* Chauny, des *toiles* et *treillis;* Saint-Quentin, des *broderies* mécaniques et à la main; Vervins, divers tissus de fil et de coton; Thenelles, des linons, batistes, gazes de soie, etc. Montreuil-aux-Lions possède deux ateliers de passementerie.

Parmi les *filatures* de laine ou de coton, nous citerons celles d'Aubenton, de Chauny, Saint-Gobert, Guise, etc.

La *verrerie* est représentée, dans le département, par plusieurs. établissements : le plus important est la **manufacture de glaces de Saint-Gobain,** dont l'origine remonte à la première moitié du seizième siècle. Cette usine occupe le premier rang en Europe, malgré la concurrence de la Belgique et de l'Angleterre. La production annuelle des glaces, dues au procédé du coulage, s'y élève à environ 200,000 mètres carrés. Le polissage se fait à Chauny, où la société de Saint-Gobain possède une fabrique de produits chimiques et divers ateliers, dont l'un reçoit en gros lingots l'étain de Banca et travaille à fondre, épurer, mouler, laminer, battre et rouler en cylindres ce métal, que la société emploie ensuite, dans ses ateliers de Paris, à l'étamage des glaces, ou qu'elle cède au commerce. — Une autre *verrerie* qui mérite une mention est celle *de Folembray* (fondée en 1705), un des établissements de ce genre les plus importants et les plus perfectionnés que possède la

Usines de Chauny.

France. Outre des objets communs, il s'y fabrique d'élégantes curiosités.

La *faïence* vient de Sinceny, où fut établie la première manufacture française, en 1735; les *poteries* sont fabriquées à Soissons et à Urcel, village qui possède aussi une grande *manufacture d'alun*, installée en 1786.

La *métallurgie* occupe un certain nombre d'ouvriers dans les *fonderies* de Soissons, de Saint-Michel (près d'Hirson) et de Guise, — ville où se trouve de plus une vaste usine d'appareils de chauffage, — dans les *ateliers de construction* de Tergnier et de Saint-Quentin, dans les fabriques de pompes et de chaudières de Laon.

Hirson et Origny-en-Thiérache fabriquent et livrent au commerce une grande quantité de vannerie commune et fine. dite *vannerie de Thiérache.* — Liesse fabrique des objets religieux, de l'orfévrerie commune et des jouets en bois peint.

Enfin, on trouve dans le département des tanneries (Chauny, Soissons, Ribemont, etc.), des blanchisseries (Chauny), des savonneries, des huileries, des corroieries, des papeteries (Saint-Gobert, Rougeries, etc.), des mégisseries, des fabriques de sucre (Saint-Quentin, Laon, Flavy-le-Martel, Seraucourt, Villeneuve-Saint-Germain, etc.), des tuileries, des boisselleries, de nombreuses brasseries et environ 1,200 moulins.

XI

Commerce, chemins de fer, routes.

L'Aisne *exporte* environ 800,000 hectolitres de blé par an, des farines, des légumes verts et secs, des vins en petite quantité, de l'avoine, du houblon, du lin, du chanvre, des laines, des bois et charbons, du bétail, des chevaux, des étoffes de coton et de laine, des châles, de la bonneterie, des toiles de lin et de chanvre, de l'alun et de la couperose, de la faïence et de la verrerie (glaces, cloches, bouteilles), et généralement tous les produits de son industrie agricole et manufacturière.

Il *importe* des cotons bruts d'Amérique, d'Égypte et d'Algérie, des cotons filés du Nord, de la Seine-Inférieure et de l'Alsace, des machines pour filatures fournies par l'Angleterre, des instruments agricoles, des articles de Paris, des épiceries et comestibles, etc., et de la houille. Sur les 4,605,300 quintaux métriques que le département a consommés en 1864, 3 millions environ venaient de la Belgique.

Le département de l'Aisne est traversé par 10 chemins de fer d'un développement total de 382 kilomètres.

1° Le chemin de fer *de Paris à Strasbourg* pénètre dans le département de l'Aisne, où il suit la vallée de la Marne, à 5 kilomètres environ au delà de la station de Nanteuil-Saacy (Seine-et-Marne). Il le quitte près de la station de Dormans (Marne), après un parcours de 39 kilomètres, pendant lesquels il dessert Nogent-l'Artaud, Château-Thierry, Mézy et Varennes.

2° Le chemin de fer *de Paris à Givet*, après avoir parcouru une parcelle (2 kilomètres et demi) du département de l'Aisne, rentre dans l'Oise, qu'il quitte définitivement à 5 kilomètres et demi en deçà de la station de Villers-Cotterêts. Il dessert cette ville, Longpont, Vierzy, Berzy, Soissons, Crouy, Margival, Anizy-Pinon, Chailvet-Urcel, Laon, Barenton, Crécy-Mortiers, Marle, Saint-Gobert, Vervins, la Bouteille, Origny-en-Thiérache, Hirson, puis entre dans le département du Nord, après un développement de 134 kilomètres dans celui de l'Aisne.

3° La ligne *de Soissons à Reims* (26 kilomètres), remontant la vallée de l'Aisne, puis celle de la Vesle, passe à Ciry-Sermoise, à Braisne, et s'engage ensuite dans le département de la Marne.

4° La ligne *de Laon à Reims* (37 kilomètres) dessert Coucy-lès-Eppes, Saint-Erme, Amifontaine, Guignicourt, puis, après avoir traversé la rivière et le canal de l'Aisne, ainsi que la Suippe près de son embouchure, pénètre dans le département de la Marne.

5° Le chemin de fer *d'Hirson à Mézières* dessert Saint-Michel-Rochefort et Aubenton-Any, avant d'entrer dans le département des Ardennes, après un parcours de 14 kilomètres dans celui de l'Aisne.

6° Le petit chemin de fer industriel *de Villers-Cotterêts au Port-aux-Perches* a 9 kilomètres de longueur. Deux stations sont établies, dans la forêt, pour le chargement des bois.

7° Le chemin de fer *de Paris à Bruxelles par Saint-Quentin* entre dans l'Aisne par la vallée de l'Oise à 1 kilomètre au delà de la station d'Appilly. Il y dessert Chauny, Tergnier, Montescourt, Saint-Quentin, Essigny-le-Petit, Fresnoy-le-Grand et

Bohain, puis entre dans le département du Nord. Sa longueur est de 62 kilomètres.

8° L'embranchement industriel *de Chauny à Saint-Gobain* (15 kilomètres), appartenant à la Compagnie des glaces, a pour stations : Sinceny, le Rond-d'Orléans et Barizis.

9° Le chemin de fer *de Tergnier à Laon* (27 kilomètres) passe à la Fère et à Crépy-Couvron.

10° Le chemin de fer *de Tergnier à Amiens* n'a qu'une station dans l'Aisne, Flavy-le-Martel, au delà de laquelle il passe (19 kilomètres) dans la Somme.

Deux autres chemins de fer relieront, dans un délai prochain, les stations de Saint-Quentin et de Busigny (Nord) à celle d'Hirson, par Guise.

Les voies de communication comptent 7,359 kilomètres, savoir :

10 chemins de fer (1873).			382 kil.
12 routes nationales.			615
30 routes départementales.			671 1/2
2,397 chemins vicinaux (1872)..	85 de grande communication.	1,431 1/2	5,357
	94 de moyenne communication..	1,183 1/2	
	2,238 de petite communication.	2,742	
3 rivières navigables..			150 1/2
8 canaux.			185

XII

Villes, bourgs, villages et hameaux curieux.

Acy, canton de Braine. ⟹ Église du XIIe siècle (monument historique), dominée par une belle flèche.

Aisy, canton de Vailly. ⟹ Église du XIIe siècle.

Ambleny, canton de Vic-sur-Aisne. ⟹ Église des XIIe, XIIIe, XVe et XVIe siècles. — Château ruiné du XIIIe siècle ; donjon remarquable. — Maison du XVIe siècle.

[1] On appelle *monuments historiques* les édifices reconnus officiellement comme présentant de l'intérêt au point de vue de l'histoire de l'art, et susceptibles, pour cette raison, d'être subventionnés par l'État.

Andelain, canton de la Fère. ⟶ Église du XVe siècle; vitraux du XVIe.

Anizy-le-Château, chef-lieu de canton. ⟶ Église des XIe et XIIe siècles.

Archon, canton de Rozoy-sur-Serre. ⟶ Cloche du XVe siècle.

Arcy-Sainte-Restitute, canton d'Oulchy-le-Château. ⟶ Dolmen de la Butte-de-Housse. — Grottes jadis habitées. — Cimetière mérovingien.

Armentières, canton de Neuilly-Saint-Front ⟶ Beaux restes d'un château féodal.

Aubenton, chef-lieu de canton. ⟶ Dans l'église, portail du XIIe siècle (monument historique).

Auffrique-et-Nogent, canton de Coucy-le-Château. ⟶ Restes de l'abbaye de Nogent, où vécurent l'auteur du *Gesta Dei per Francos* et le savant Mabillon. — A Moyembrie, château avec donjon, imité en petit de celui de Coucy.

Intérieur des ruines du château de Coucy.

Aulnois, canton de Laon. ⟶ Château ruiné; donjon et tourelles (XIIIe siècle).

Azy-Bonneil, canton de Château-Thierry. ⟶ Église en partie romane; joli clocher; chapiteaux intéressants.

Bazoches, canton de Braine. ⟶ Mosaïque gallo-romaine et restes d'une villa. — Église des XIIe et XIIIe siècles. — Restes considérables d'un château converti en ferme. — Anciennes fortifications (portes, tours, fossés).

Bellicourt, canton du Câtelet. ⟶ Souterrain du canal de Saint-Quentin, long de 5 kilomètres 1/2.

Berny, canton de Vic-sur-Aisne. ⟶ Église du XIe siècle; beau clocher du XVIe siècle. — Ferme fortifiée de Confrécourt (XIIIe siècle); grange remarquable.

Berzy-le-Sec, canton de Soissons. ⟶ Église du XIIe siècle; charmante abside; chapiteaux curieux — Belle porte à tourelles (XIIIe ou XIVe siècle) d'un château féodal.

Beugneux, canton d'Oulchy. ⟿ Dans l'église (XIIe et XVIe siècles), vitraux du XIIIe siècle, et poutre sculptée remarquable.

Billy-sur-Ourcq, canton d'Oulchy. ⟿ Église du XIIe au XVIe siècle; beaux débris de vitraux.

Blérancourt, canton de Coucy-le-Château. ⟿ Dans la façade de l'église, deux statues du XIVe siècle. — Deux pavillons d'un château de la Renaissance.

Bourg-et-Comin, canton de Craonne. ⟿ Habitations souterraines.

Bouteille [La], canton de Vervins. ⟿ Église fortifiée du XVIe siècle.

Braîsne, chef-lieu de canton. ⟿ Église Saint-Yved (monument historique), bâtie de 1180 à 1216, un des types les plus purs du style gothique primitif; débris de sculptures provenant d'un édifice plus ancien. — Sur une colline boisée, ruines considérables du château de la Folie (XIIIe siècle). — Musée archéologique.

Grande tour du château de Coucy.

Braye, canton de Vailly. ⟿ Église des XIIIe et XVIe siècles, fortifiée.

Bruyères-sous-Laon, canton de Laon. ⟿ Église du XIe siècle au XVIIe; tour fortifiée du XIIIe.

Bucy-le-Long, canton de Vailly. ⟿ Pierre druidique dite de la Mariée. — Dans l'église, vitraux du XVIe siècle.

Burelles, canton de Vervins. ⟿ Église fortifiée du XIVe siècle.

Camelin, canton de Coucy. ⟿ clocher du XIVe siècle.

Caulaincourt, canton de Vermand. ⟿ Beau château de 1565.

Cathédrale de Laon.

Cerny-en-Laonnois, canton de Craonne. → Église romane. — Donjon.

Cerny-lez-Bucy, canton de Laon. → Donjon carré très-remarquable, du xiiie siècle.

Cerseuil, canton de Braine. → Dans l'église (xiie siècle); belle croix antéfixe; tombeaux antiques.

Château-Thierry, chef-lieu d'arrondissement, sur la Marne. → Beffroi communal du xvie siècle. — Beau pont. — Maison (1559) et statue de la Fontaine. — Ruines considérables d'un château et souterrains curieux.— Jolie promenade.

Chéry-Chartreuve, canton de Braine. — Fontaine pétrifiante.

Chevregny, canton d'Anizy. → Église des xie et xiie siècles.

Chivy-lez-Etouvelles, canton de Laon. → Dans l'église, chapiteaux très-anciens.

Ciry-Salsogne, canton de Braine. → Débris d'édifices romains.

Cœuvres, canton de Vic-sur-Aisne. → Église xiie, xiiie et xvie siècles. — Ruines d'un château. — Ancienne abbaye de Valsery (Prémontrés), reconstruite au xviiie siècle; salle capitulaire du xiiie siècle; bâtiment de la Renaissance.

Colligis, canton de Craonne. → Carrières immenses et très-curieuses.

Commenchon, canton de Chauny. → Tumulus qu'on croit être celui du chef normand Reigner.

Condé-sur-Aisne, canton de Vailly. → Ancien camp retranché (110 hectares). — Église et charmante chapelle du xiie siècle, restes d'un prieuré.

Condé-sur-Suippe, canton de Neufchâtel. → Camp attribué à César.

Corbeny, canton de Craonne. → Église remarquable des xiie et xve siècles.

Coucy-la-Ville, canton de Coucy-le-Château. → Église du xiie siècle; tour centrale romane; sur la façade, joli clocher du xve siècle, avec flèche dentelée; peinture du xve siècle; fonts baptismaux du xiie siècle.

Coucy-le-Château, chef-lieu de canton, sur une colline escarpée. → Au sommet de la colline, château de Coucy, une des plus belles ruines féodales qui existent, bâti de 1225 à 1230 par Enguerrand III, remanié vers 1400 par Louis, duc d'Orléans et démantelé en 1652 par ordre de Mazarin. Enceinte flanquée de 4 magnifiques tours cylindriques de 35 mètres de hauteur; au centre, donjon circulaire, le plus remarquable de tous les monuments de ce genre, large de 30 mètres, haut de 55, divisé en trois salles superposées avec galeries et voûtes à nervures. Les murs, à la base, ont plus de 7 mètres d'épaisseur. Sur la porte, un bas-relief représente un sire de Coucy luttant contre un lion. Le château de Coucy appartient à l'État, qui en a fait réparer ou consolider plusieurs parties. — Porte de Laon, reste des fortifications de la ville (xiiie siècle); belle salle entre les deux tours. — Église du xvie siècle; jolie façade du xiie siècle; fonts baptismaux remarquables.

Courcelles, canton de Braine. → Roche aux fées. — Voie romaine. — A Monthussart, grange du xiiie siècle.

Courmelles, canton de Soissons. → Jolie église du xiie siècle; chapiteaux et contre-forts intéressants.

Couvrelles, canton de Braine. → Église des xiie et xiiie siècles.

Crépy-en-Laonnois. → Deux églises : Saint-Pierre, du xiiie siècle, Notre-Dame, des xive et xvie siècles.

Cugny, canton de Saint-Simon. → Le Jardin-Dieu, butte où ont été trouvés des tombeaux romains et mérovingiens.

Droizy, canton d'Oulchy. → Église des xiie, xiiie et xvie siècles; linge d'autel et ornements de la Renaissance. — Château ruiné du xiiie siècle.

Épagny, canton de Vic. → Camp romain.— A Mareuil-les-Tournelles, donjon du xiie siècle, flanqué de quatre tourillons.

Épieds, canton de Château-Thierry. → Château de Moucheton (xiiie siècle), restauré avec goût de nos jours.

Esquehéries, canton du Nouvion. → Église du xiie siècle (monument historique).

Essommes, canton de Château Thierry. → Belle église des xiiie et xive siècles (monument historique) ; stalles et boiseries très-remarquables du xvie siècle.

Fayet, canton de Vermand. ⟿ Ruines d'un château qu'a rendu célèbre la légende du sire de Coucy et de Gabrielle de Vergy.

Fère (La), ville fortifiée, au confluent de la Serre et de l'Oise, chef-lieu de canton. ⟿ Église du xve siècle ; tombeau de Jeanne de Luxembourg. — École d'artillerie. — Arsenal.

Fère-en-Tardenois, chef-lieu de canton. ⟿ Château ruiné (monument historique des xiiie et xvie siècles); neuf tours ; entrée du xviie siècle.

Ferté-Milon (La), ville du canton de Neuilly-Saint-Front. ⟿ Dans les églises Notre-Dame et Saint-Nicolas, vitraux (monuments historiques) du xvie siècle. — Château ruiné (monument historique) du xvie siècle. — Statue de J. Racine (né à la Ferté-Milon), p ar David (d'Angers).

Intérieur de Notre-Dame de Liesse.

Flamangrie (La), canton de la Capelle. ⟿ Dans l'église, trois beaux retables sculptés, xvie siècle.

Folembray, canton de Coucy-le-Château. ⟿ Verrerie très-importante (1700).

Fontenoy, canton de Vic-sur-Aisne. ⟿ Église du xiie siècle; clocher fortifié.

Gobain (Saint-), canton de la Fère. ⟿ Célèbre manufacture de glaces.

Guignicourt, canton de Neufchâtel. ⟿ Beau pont sur l'Aisne, à deux étages, pour la route et pour le chemin de fer.

Guise, ville forte, chef-lieu de canton, sur l'Oise. ⟿ Dans l'église, rétable représentant le Martyre de saint Quentin. Château (1549), sur un escarpement; beaux souterrains.— Familistère, vaste édifice pouvant contenir 400 familles.

Haramont, canton de Villers-Cotterêts. ⟿ Église à double chœur du

XIIIe siècle; restes de vitraux; tableau attribué à Jouvenet.

Hartennes, canton d'Oulchy. ⟿ A Taux, beau dolmen.

Holnon, canton de Vermand. ⟿ Tumulus remarquable.

Laffaux, canton de Vailly. ⟿ Église du XIIe siècle; chapiteaux et cuve baptismale remarquables.—Nombreuses sépultures franques qui ont fait supposer que Laffaux était le *Latofao* ou *Leucofao*, où se donnèrent deux batailles, sous les Mérovingiens. (V. ci-dessus, *Histoire*.)

Laon, chef-lieu du département, sur une colline élevée dominant l'Ardon, à 181 mètres d'altitude, par 49°,33',54", de latitude et 1°,17',19" de longitude Est. ⟿ Restes des fortifications depuis l'époque romaine. — Magnifique *cathédrale* gothique (monument historique), commencée vers la fin du XIIe siècle, terminée au commencement du XIIIe siècle. Elle a la forme d'une croix, terminée par un mur droit tenant lieu d'abside. Sur chacune des trois façades s'élevaient autrefois deux tours couronnées de flèches; une tour plus grosse se dressait au centre de l'église. Il ne reste plus que quatre de ces clochers; privés de leurs pyramides, ils donnent aujourd'hui à l'édifice l'aspect d'un château fort. La tour centrale est aussi en partie debout. La façade principale est remarquable par la richesse et le bon gout de tous ses détails, l'originalité de sa conception, et par les statues colossales de bœufs qui apparaissent au dernier étage des tours. A l'intérieur, les bas côtés se replient autour du transsept, et se doublent de larges tribunes, surmontées elles-mêmes de galeries. Au sud des premières travées de la nef, belle salle capitulaire, à deux nefs de trois travées chacune. Entre les collatéraux et les chapelles circulaires du transsept, deux autres salles servent de trésor (petit calice en argent, orné d'émaux, du XIIIe siècle) et de sacristie. Nous signalerons aussi les clôtures des chapelles (Renaissance), la chaire en bois sculptée, les sculptures variées des chapiteaux et surtout les belles verrières (XIIIe siècle) de l'abside; la *Sainte-Face*, peinture du XIIIe siècle; pierres tombales. — Au sud de la cathédrale, galerie du *cloître* (XIIIe siècle) et, au nord-est, ancien palais épiscopal (XIIIe siècle), qui sert de *palais de justice* (mon. hist.); on y remarque : l'ancienne chapelle à 2 étages, antérieurs tous deux à la cathédrale, et se composant chacun d'une nef et de deux collatéraux avec abside circulaire; la grande salle (33 mètres de long. sur 11 de larg.), construite vers 1242 et aujourd'hui partagée en plusieurs salles (sa façade, flanquée de tourelles, est percée de grandes fenêtres ogivales); enfin une cheminée sculptée (fin du XVe siècle) dans l'ancienne cuisine. Le palais de justice a été restauré.

L'*église Saint-Martin* (monument historique), est du XIIe siècle, moins le portail et quelques parties du croisillon sud et de l'abside. La façade, reconstruite au XIVe siècle, est flanquée de deux tourelles octogonales; tympans décorés des bas-reliefs. Deux tours carrées près du transsept. A l'intérieur, clôture d'une chapelle (1549), tombeau d'un sire de Coucy (statue couchée), du XIIe siècle, et celui d'une abbesse du XVIe siècle, ex-voto du XVe siècle. — La *chapelle des Templiers* (mon. hist. du XIIe siècle), qui fait partie de l'établissement des frères de la Doctrine chrétienne, se compose d'un porche avec tribune à pignon aigu, d'une rotonde octogonale bâtie, dit-on, sur le modèle du Saint-Sépulcre, et d'une abside circulaire; pierres tombales. — L'*Hôtel-Dieu* occupe l'ancienne abbaye de Saint-Martin; grand escalier curieux. — La *préfecture* est installée dans l'ancienne abbaye de Saint-Jean. — La bibliothèque et le musée sont réunis dans un bâtiment récent; dans la *bibliothèque*, 500 manuscrits dont 93 à miniatures du VIIe au XVIe siècle; collection de plus de 2000 autographes d'hommes célèbres et de rois de France, depuis Lothaire (972). — Le *musée d'art et d'antiquités* possède un grand nombre d'antiquités romaines trouvées dans le département (fragments de peintures murales, et surtout une belle et curieuse mosaïque représentant Orphée et provenant de Nizy-le-Comte); des antiquités égyptiennes, celtiques, franques; une foule d'objets du moyen âge et de la Renaissance, des curiosités algériennes et russes, 30 tableaux (*Intérieurs* et un portrait, par les frères Le Nain), des dessins, des gravures et des sculptures. Statue tombale de G. de Harcigny, médecin de Charles VI; ancien bas-relief représentant Gabrielle d'Estrées. — L'ancien *beffroi communal* dans l'enceinte de la *citadelle*, réparée sous Louis-Philippe; — une *maison* du XIIe siècle, surmontée de deux cheminées rondes en forme de colonnes; — de nombreuses *maisons* du XVe et du XVIe siècle; — les portes *Royer* et des *Chenizelles* du XIIIe siècle; la *tour penchée;* — les *Creutles;* — l'ancienne *abbaye de Saint-Vincent;* — les caves, qui sont les plus curieuses de France; — et la *statue* du maréchal Sérurier (1863) sur la place principale.

Notre-Dame de Liesse.

Largny, canton de Villers-Cotterêts. ⟶ Église du XIIe siècle.

Lesges, canton de Braine. ⟶ Église du XIIe ou du XIIIe siècle.

Longpont, canton de Villers-Cotterêts. ⟶ Ruines d'une magnifique église ogivale, reste d'une abbaye de cisterciens, consacrée en 1227, en présence de saint Louis; belle façade; bâtiment (XIIIe siècle) servant aujourd'hui d'église; deux châsses; galerie d'objets d'art; — porte fortifiée du XIIIe siècle.

Mard (**Saint-**), canton de Braine. ⟶ Église du XIIIe siècle.

Marle, chef-lieu de canton. ⟶ Église (monument historique) du XIIIe siècle. — Il ne reste du château construit au XIIIe siècle que les remparts et les tours.

Mézy-Moulins, canton de Condé. ⟶ Église (monument historique) du XIIIe siècle, galerie circulaire à l'intérieur.

Michel-Rochefort (**Saint-**), canton

d'Hirson. ⟿ Grande et belle église du XIIe et du XVIe siècles; portail moderne, semblable à celui de Saint-Gervais de Paris.

Molinchart, canton de Laon. ⟿ Hottée de Gargantua, monument celtique formé d'un amas énorme de blocs de grès.

Mont-Notre-Dame, canton de Braine. ⟿ Église (monument historique) du XIe et du XIIIe siècle.

Montigny-Lengrain, canton de Vic-sur-Aisne. ⟿ Église du XIIe siècle.

Neuville, canton de Craonne. ⟿ Nombreuses habitations souterraines très-curieuses. — Dans l'église, peintures murales. — Restes d'un château du XVe siècle.

Cheminée de l'hôtel de ville de Saint-Quentin.

Nicolas-aux-Bois (Saint-), canton de la Fère. ⟿ A l'entrée d'un vallon, ruines d'une ancienne abbaye antérieure à 1089. Le logis de l'abbé est flanqué d'un donjon composé d'une tour ronde servant d'escalier et d'une tour carrée renfermant les oubliettes. — Sur l'étang de Saint-Nicolas, au lieu appelé *le Tortoir*, ruines de beaux édifices du XIVe siècle disposés autour d'une cour carrée et qu'on croit avoir appartenu à une maladrerie. — Dans la forêt, à peu de distance des ruines, croix expiatoire élevée au XIIIe siècle, en souvenir de trois jeunes gens pendus pour braconnage par les gardes du sire de Coucy.

Nogentel, canton de Château-Thier-

Église de Saint-Quentin.

ry. ⟹ Dans l'église, une belle clef de voûte; chaire du XVIIe siècle.

Notre-Dame-de-Liesse, canton de Sissonne. ⟹ Église du XIVe siècle, renfermant une statue miraculeuse de la Vierge, vénérée depuis les croisades; jubé du XVIe siècle; nombreux ex-voto; trésor.

Nouvion-le-Vineux, canton de Laon. ⟹ Belle église, monument historique, du XIIe siècle, remaniée au XIIIe et au XIVe; clocher de 1051; sculptures intéressantes; vaste cuve baptismale du XIIe siècle.

Nouvron, canton de Vic-sur-Aisne. ⟹ Église des XIIe et XVe siècles.

Oulchy-le-Château, chef-lieu de canton. ⟹ Château ruiné dont l'enceinte renferme l'église, beau monument du XIIe siècle (stalles du XVe siècle, chaire du XVIIe). — Dans une ferme, au-dessus du château, monument du XIIIe siècle, attribué aux Templiers.

Parfondru, canton de Laon. ⟹ Église du XVe siècle; vitraux du XVIe.

Pasly, canton de Soissons. ⟹ Camp gaulois et série de tombelles, véritable cimetière celtique. — Grottes préhistoriques, encore habitées.

Pernant, canton de Vic-sur-Aisne. ⟹ Église des XIIe et XIIIe siècles. — Château ogival converti en ferme; fossés; rempart; donjon carré avec tourelles. — Carrières.

Pontarcy, canton de Vailly. ⟹ Tombelles celtiques. — Cimetière mérovingien. — Restes de remparts. — Église du XIIIe siècle.

Presles-Thierny, canton de Laon. — Ruines curieuses d'un château des évêques de Laon. — Jolie petite église avec porche du XIIe siècle.

Quentin (Saint-), chef-lieu d'arrondissement, sur les deux rives de la Somme. ⟹ Magnifique et vaste église (monument historique), un des plus beaux édifices gothiques de la France entière, ancienne collégiale. Longue de 133 mètres, haute sous voûte de 36, elle a la forme d'une basilique à trois nefs et deux transsepts, c'est-à-dire quatre croisillons. Elle est précédée d'une grosse tour et d'un vestibule, bâtis au XIIe siècle; la nef date des XIVe et XVe siècles; le grand transsept, du XVe ou XVIe siècle; la partie qui sépare les deux transsepts, le petit transsept et l'abside remontent au XIIIe siècle et à la fin du XIIe. On remarque, à l'extérieur, le riche portail méridional (XVe siècle), la richesse et la hardiesse des arcs-boutants, à l'intérieur, la disposition originale et gracieuse des chapelles du rond-point. Parmi les chapelles de la nef, les plus intéressantes sont celles des fonts baptismaux (magnifique retable en pierre du XVe ou du XVIe siècle); de Saint-Thomas (2 statuettes de 1548) et de Saint-Michel (statuette du XVe siècle et carrelage du XIIIe). La clôture du chœur (anciennes grilles) a conservé quelques parties du XIVe siècle restaurées en 1868. Dans le soubassement est pratiqué le cénotaphe, avec statue, de M. Tavernier, curé de Saint-Quentin, mort en 1865. A gauche de la petite entrée latérale du fond de la nef, sur une porte du XVe siècle se voit un bel arbre de Jessé sculpté et peint. Signalons aussi dans l'église : le bel autel moderne du Sacré-Cœur; dans la chapelle de Saint-Roch, une magnifique pierre tumulaire du XIIIe siècle et d'autres du XIIIe au XVIe siècle. Crypte (IXe et XIIIe siècles) renfermant les tombeaux des saints Quentin, Victorice et Cassien. Vitraux des XIVe et XVIe siècles.

Hôtel de ville (mon. hist. des XIVe et XVe siècles). Belle façade couronnée de trois frontons triangulaires percés de rosaces; au rez-de-chaussée, galerie ouverte supportant un étage éclairé par 9 fenêtres ogivales, enrichies de jolies sculptures. A l'intérieur : remarquables sculptures sur bois ou sur pierre (dans la salle du conseil); écussons sur grisailles; magnifiques plafonds; fenêtres encadrant de jolies verrières du XVIe siècle; colossale cheminée mi-gothique et mi-renaissance, flanquée de deux ailes en retour, ajoutées en 1857. La grosse cloche du campanile date de 1506. — Vastes bâtiments dits *Fervaques*, ancien couvent de religieuses bernardines qui renferme le tribunal, la justice de paix, le musée (collection de pastels de Delatour, né à Saint-Quentin), la bibliothèque (15,000 vol.), etc., etc. — *Lycée*

(1854-1857), belle construction moderne. — Anciennes maisons de bois, sculptées, enseignes curieuses. — *Église Saint-Jacques* (Renaissance), convertie en halle au blé, et dont la tour (XVIIe siècle) sert de *beffroi*. — *Statue*, en bronze, de Quentin Delatour, par Langlet.

Ressons-le-Long, canton de Vic-sur-Aisne. ⟶ Église du XIe et du XIII

Hôtel de ville de Saint-Quentin.

siècle. Sur le chemin de Ressons à Montigny, croix de carrefour romane.

Retheuil, canton de Villers-Cotterêts. ⟶ Menhir. — Clocher roman.

Ribemont, chef-lieu de canton, sur l'Oise. ⟶ Ancienne abbaye de Saint-Nicolas, occupée par une filature. Église du XIIe, XIVe et XVIe siècles; boiseries provenant de l'abbaye. — Murs d'enceinte du XIIe siècle

Royaucourt, canton d'Anizy. →→ Église Saint-Julien, monument historique, du xiiie siècle.

Septmonts, canton de Soissons. →→ Ancien château des évêques de Soissons; grosse tour de 45 mètres de hauteur; belle salle du xiiie siècle. — A la ferme de la Carrière-l'Évêque, belle grange du xiie ou du xiiie siècle, à trois nefs.

Septvaux, canton de Coucy. →→ Église du xiie siècle; deux tours.

Serches, canton de Braine. →→ Chapelle de la commanderie de Maupas (xiiie siècle), convertie en écurie.

Soissons, chef-lieu d'arrondissement, ville forte, sur l'Aisne. →→ La cathédrale, monument historique, des xiie et xiiie siècles (100 mètres de longueur) est précédée d'un beau portail inachevé et mutilé, que domine une tour carrée de 66 mètres de hauteur, semblable à celles de Notre-Dame, à Paris, ornée aux angles de statues et de dais admirablement sculptés. A l'intérieur, on remarque surtout les cinq grandes chapelles polygonales de l'abside et les huit chapelles carrées du chœur, éclairées par de grandes fenêtres en ogive; de riches vitraux, du xiiie siècle; la rose et les grisailles du croisillon nord; le maître-autel, flanqué de deux statues en marbre, représentant l'*Annonciation*, et surmonté d'une *Adoration des bergers*, attribuée à Rubens; les statues de deux abbesses; la statue tombale de Mgr de Simony; de belles tapisseries du xvie siècle, etc. — Sur la rue du Cloître-Saint-Gervais, trois arcades du xiiie siècle éclairent le premier étage d'une maison portant le n° 14. — Près de là, quatre travées servant d'écurie sont le seul reste de l'*église Saint-Nicolas* (xiiie siècle). — L'*abbaye de Saint-Jean des Vignes*, reconstruite vers le milieu du xiiie siècle, n'a conservé que des débris d'un cloître somptueux, un petit cloître ruiné de la Renaissance, une grande salle voûtée, le réfectoire, et le portail de l'église (mon. hist. des xiiie et xvie siècles), flanqué de deux beaux clochers des xve et xvie siècles (70 et 75 mètres de haut). Thomas Becket passa dans cette abbaye une partie de son exil (1161-1170). — Nous signalerons encore : l'*église Saint-Léger* (xiiie, xvie et xviiie siècles), aujourd'hui chapelle du séminaire, recouvrant les deux cryptes, l'une du xiie siècle et l'autre du xiiie siècle (restes d'un cloître du xiiie ou du xive siècle); — l'*église* collégiale *de Saint-Pierre* (xiie siècle); — les ruines de l'*abbaye* royale *de Notre-Dame de Soissons* (xiie siècle), transformées en caserne; — la vieille *tour Lardier*; — la *chapelle de l'institut des sourds-muets*, édifice moderne, dans le style du xiiie siècle, recouvrant une belle crypte du xiie siècle, seul reste de la célèbre abbaye de Saint-Médard, et que coupent à angles droits sept autres nefs de même largeur et de même hauteur (à gauche, cachot où fut, dit-on, enfermé Louis le Débonnaire); — l'*église Saint-Vaast*, construction moderne dans le style roman du xiie siècle; — le *château*, flanqué de grosses tours; — l'*hôtel-Dieu* (1247); — le *collège* (xive siècle); — l'*hôpital général* (1657); — la *bibliothèque* (30,000 vol.; manuscrits); — le *musée d'antiquités* (2000 médailles; curiosités scientifiques et archéologiques; antiquités gallo-romaines); — et la *statue de Paillet*, dans la cour de l'*hôtel de ville* (xviiie siècle).

Taillefontaine, canton de Villers-Cotterêts. →→ Église des xiie et xvie siècles, curieux porche roman.

Thibault (Saint-), canton de Braine. →→ Curieuses ruines d'une église romane.

Trucy, canton de Craonne. →→ Église romane, remarquable par son ancienneté et ses sculptures.

Urcel, canton d'Anizy. →→ Église romane très-intéressante, à trois nefs terminées par des absides, le porche à arcades, le clocher carré et la première travée de la nef appartiennent au style rhénan du xiie siècle, le reste de l'église est un spécimen du style picard du xiie siècle. — Chapiteaux curieux; cuve baptismale romane; dalle tumulaire du xiiie siècle.

Vailly, chef-lieu de canton, sur l'Aisne. →→ Église du xiie au xvie siècle, beau clocher. — Façade (xve siècle) d'un ancien hôpital.

Vauclerc, canton de Craonne. ⟿ Abbaye de Bernardins, fondée en 1134, reconstruite sur de plus vastes proportions au XIIIe siècle et réparée au XVIe siècle. Il en reste un pan de mur de l'église, quelques salles attenantes aux cloîtres et un bâtiment de 68 mètres sur 13, ayant 132 fenêtres ; c'est la grange ou le dortoir de l'abbaye (?); la charpente de cet édifice, mélange de plein cintre et d'ogive, est une des plus belles que l'on puisse voir.

Vaurezis, canton de Soissons. ⟿ Dolmen de Pierre-Laye. — Église du XIIe siècle; belle tour, à deux étages.

Vermand, chef-lieu de canton. ⟿ Le camp romain de Vermand (mon. historique) forme une enceinte presque carrée; en 1826-27, on y a découvert des bas-reliefs et des frises portant des vestiges de sculpture. — Dans l'église, fonts baptismaux (mon. hist.) fort curieux, en marbre bleu de Tournai, avec frise couverte de figures byzantines.

Vervins, chef-lieu d'arrondissement. ⟿ Dans l'église, de différentes époques, belle chaire et tableau de Jouvenet; peintures murales importantes du XVIe siècle. — Restes de fortifications.— Tour des archives du château, dépendant du collége.

Vic-sur-Aisne, chef-lieu de canton. ⟿ Église des XIe, XIIIe et XVIe siècles. — Restes d'un château (donjon de la fin du XIIe siècle, remanié au XVIIe siècle : 25 mètres de hauteur).

Villers-Cotterêts, chef-lieu de canton. ⟿ L'église (XIIe et XVIe siècles) conserve des boiseries du XVIe siècle. — Le château (mon. hist.), défiguré en 1750 par des restaurations (façade principale longue de 40 mètres, décorée de niches et de sculptures) offre un magnifique escalier et une chapelle avec frise finement sculptée (Renaissance). — Monument élevé à Alexandre Dumas père, né à Villers-Cotterêts en 1803, et mort en 1870.

Vorges, canton de Laon. ⟿ Belle église fortifiée de la fin du XIIe au XIVe siècel.

PARIS. — IMP. SIMON RAÇON ET COMP., RUE D'ERFURTH, 1.

PENSIONNAT SOCIÉTAIRE

DU

PETIT CHATEAU

L'annexion de l'Alsace à l'Allemagne y rendant impossibles les maisons françaises d'éducation, une société s'est formée pour transporter en France le célèbre PENSIONNAT DU PETIT CHATEAU, fondé avec tant de succès à Beblenheim, en 1841, par mademoiselle Vezenet, et dont M. Jean Macé, l'auteur de l'*Histoire d'une bouchée de pain*, est le professeur depuis 1852.

Ce pensionnat s'est rouvert le 1er octobre 1872, sous leur direction, au château de Monthiers, près de Château-Thierry, à trois heures et demie de Paris, dans une vaste propriété réunissant toutes les conditions désirables d'espace, de grand air et de salubrité.

L'enseignement y a pour objet :

Le français, l'anglais, l'allemand, l'histoire, la géographie, les sciences naturelles, les notions élémentaires de géométrie, l'arithmétique, la tenue de livre, la calligraphie, le dessin, le solfége, la gymnastique et les ouvrages à l'aiguille.

L'établissement est ouvert à tous les cultes. Il ne reçoit pas d'élèves au dessous de 12 ans.

Le prix de la pension est de 1200 fr. par an, payables par trimestre.

Le château de Monthiers, qui date du temps de François Ier est bâti, au milieu d'un terrain de 9 hectares en partie planté de bois, à mi-côte d'une colline qui domine une vaste étendue de pays. — Il n'existe nulle part en France, une maison d'éducation, pour les jeunes filles, située dans d'aussi bonnes conditions et surtout plus habilement dirigée.

S'adresser pour plus amples renseignements, à M. Jean MACÉ, directeur de la Société du Pensionnat du Petit Château, à Monthiers, par Neuilly-Saint-Front (Aisne).

France par ADOLPHE JOANNE

AISNE

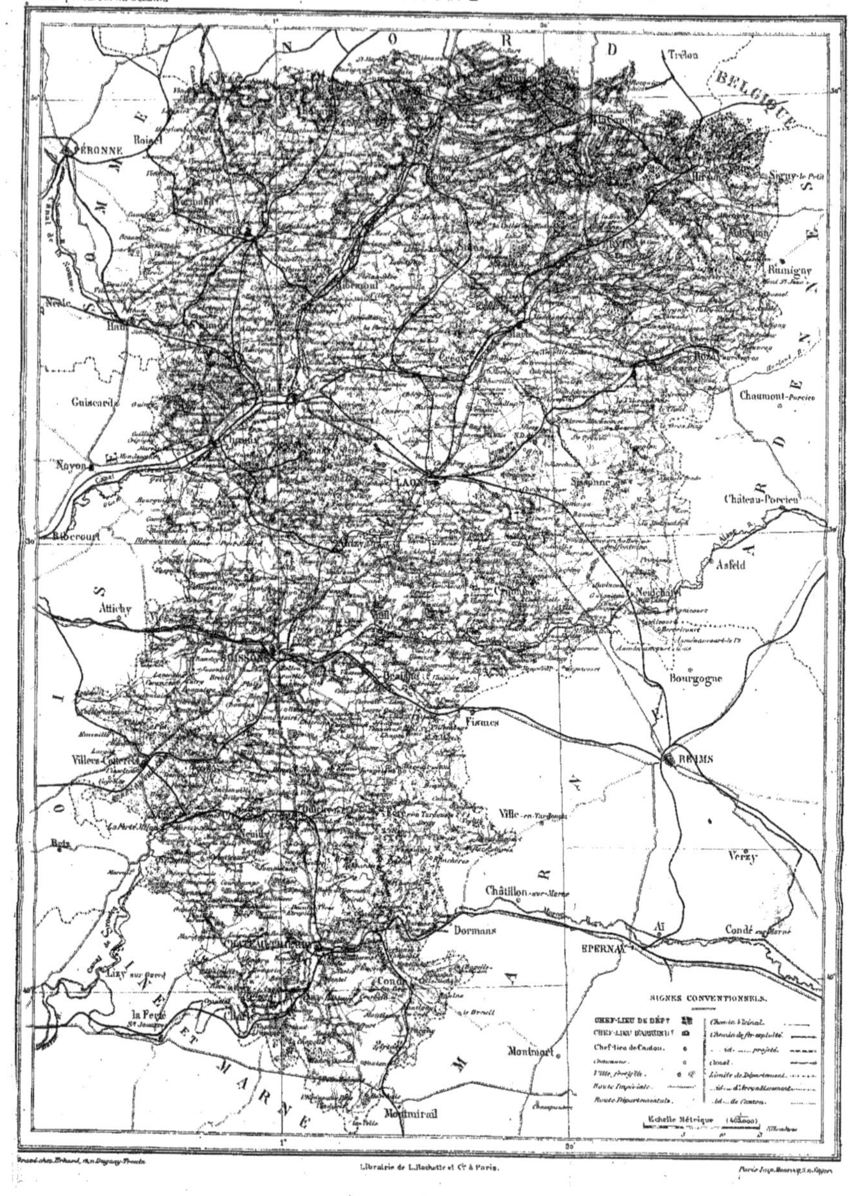

Gravé chez Erhard, r. Duguay-Trouin

Librairie de L. Hachette et Cie à Paris.

PARIS. — IMP. SIMON RAÇON ET COMP., RUE D'ERFURTH, 1.

www.ingramcontent.com/pod-product-compliance
Ingram Content Group UK Ltd.
Pitfield, Milton Keynes, MK11 3LW, UK
UKHW021015220726
13924UKWH00002B/999